Manfred Osten
Das geraubte Gedächtnis

Digitale Systeme und die Zerstörung
der Erinnerungskultur
Eine kleine Geschichte des Vergessens

Insel Verlag

W0187804

© Insel Verlag Frankfurt am Main und Leipzig 2004
Alle Rechte vorbehalten, insbesondere das der Übersetzung,
des öffentlichen Vortrags sowie der Übertragung
durch Rundfunk und Fernsehen, auch einzelner Teile.
Kein Teil des Werkes darf in irgendeiner Form
(durch Fotografie, Mikrofilm oder andere Verfahren)
ohne schriftliche Genehmigung des Verlages reproduziert
oder unter Verwendung elektronischer Systeme
verarbeitet, vervielfältigt oder verbreitet werden.
Satz & Druck: Memminger MedienCentrum AG
Printed in Germany
Erste Auflage 2004
ISBN 978-3-458-17231-4

3 4 5 6 7 8 – 12 11 10 09 08 07

Inhalt

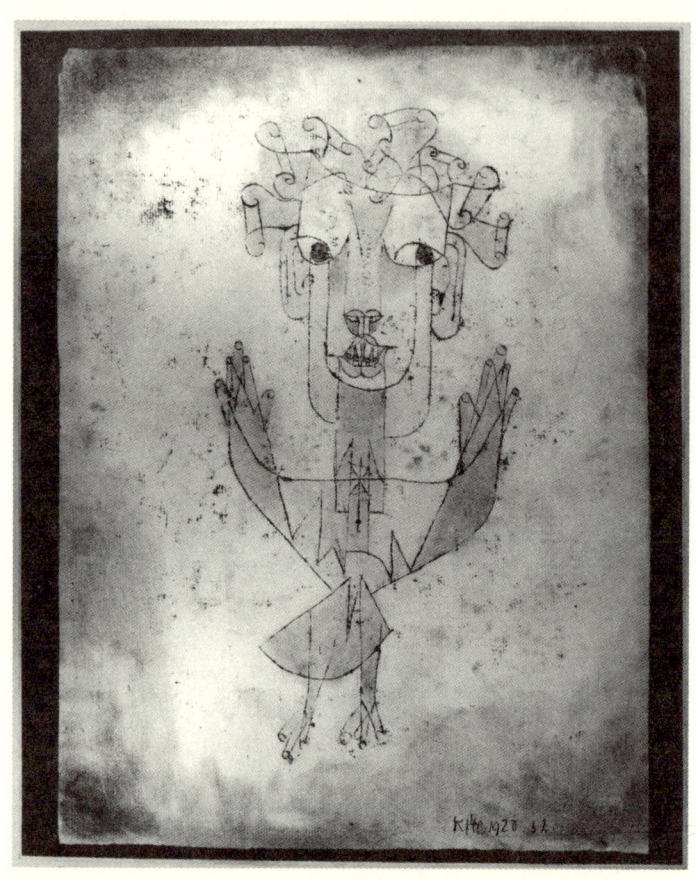

Paul Klee, Angelus Novus, 1920, 32
31,8×24,2 cm. Ölpause und Aquarell auf Papier auf Karton.
The Israel Museum, Jerusalem
© VG Bild-Kunst, Bonn 2004

»Lange Leere wird sein
durch den tobsüchtigen Kopf, /
Delirium ist einem großen Volk
auferlegt.« Nostradamus

Vorwort oder die Odyssee des Vergessens

»Wer nun die Honigsüße der Lotosfrüchte gekostet, / Dieser
dachte nicht mehr an Kundschaft oder an Heimkehr ... /
Aber ich zog mit Gewalt die Weinenden wieder ans Ufer, /
Warf sie unter die Bänke der Schiff' und band sie mit Seilen. /
... Daß man nicht, vom Lotos gereizt, die Heimat vergäße.«[1]
Diese Verse offenbaren es: Die Historie des geraubten Gedächtnisses ist alt. Sie reicht in der Tat weit zurück in die My-
thologie. Homer hat sie festgehalten, im neunten Gesang der
Odyssee. Seinen Helden finden wir hier auf einem der Irr-
wege seiner hindernisreichen Heimkehr von Troja nach
Ithaka. Er ankert mit den zwölf Schiffen seiner Flotte an einer
unbekannten Küste und wird Zeuge einer archaischen Art
von drogen-induzierter Amnesie: »Zwei erlesene Freunde«
und ein begleitender Herold, ausgeschickt, um die Insel zu er-
kunden, werden von den Bewohnern unerwartet freundlich
empfangen und gastlich bewirtet. Die freundlichen Gastge-
ber aber erweisen sich bei näherem Hinsehen als frühzeitliche
Antizipation der modernen Amüsier- und Drogengesellschaft:
Es sind die Lotophagen (»Lotos-Esser«). Ihre Lifestyle-Droge
steht bereits ganz im Dienste des Vergessens. Es ist eine wohl-
schmeckende Frucht, nach deren Genuß die Kundschafter des
Odysseus denn auch prompt den Weg ins totale Nirwana des

Vergessens aller Zielsetzungen und Aufgaben antreten: Vergessen ist das Heimkehrziel des Odysseus, vergessen ist der Erkundungsauftrag. Man gibt sich hin dem Genuß der Droge und der Süße eines Paradieses, aus welchem die Vertreibung nur unter Protest und schweren Entzugserscheinungen stattfindet. Nur gegen ihren Widerstand vermag Odysseus die »weinenden« Genossen zu den Schiffen zurückzubringen, wo sie an die Ruderbänke festgekettet werden, damit sie nicht zurückkehren zum Rausch des Vergessens.

Würde sich Odysseus dieser Mühe heute noch unterziehen? Schwerlich – er wäre vermutlich selber ein gedächtnisloser Held, ein »Artist in der Zirkuskuppel – ratlos« (Alexander Kluge), der sich bereits als Historiker verstehen dürfte nach der Lektüre der Tageszeitung von gestern. Aufgrund seines schwachen Gedächtnisses würde er es auch nicht bemerken, wenn sein Gemeinwesen nach dem Motto regiert würde: Es gilt das gebrochene Wort. Er hätte Ithaka längst eingetauscht für Zukunftsziele auf dem Mars oder in der embryonalen Stammzellforschung. Lange schon hätte er Nietzsches Vergeßlichkeits-Gedicht »Die Sonne sinkt« verwirklicht (aus dem Zyklus der *Dionysos-Dithyramben*): »Rings nur Welle und Spiel. / Was je schwer war, / Sank in blaue Vergessenheit, / Müßig steht nun mein Kahn. / Sturm und Fahrt – wie verlernt er das! ...«[2]

Es sind Verse, die von weither kommen, von Lethe, dem Strom des Vergessens, der sich spätestens seit dem 19. Jahrhundert geweitet hat zu einem Meer des Vergessens. Es ist ein Vergessen im Zeichen eines alle Lebensbereiche erfassenden radikalen Prozesses der Modernisierung. Begleitet von Beschleunigungsturbulenzen, Kontinuitätsbrüchen und Traditionsverschüttungen in einem noch nie erfahrenen Ausmaß.

Wenn Reinhart Koselleck die Beschleunigung der Erfahrung als das zentrale Kriterium der Moderne dingfest macht, so ist es vor allem diese Erfahrung beschleunigter Amnesien, einer beispiellosen Akzeleration des Vergessens. Und es liegt nahe, vor dem Hintergrund dieser Erfahrung Walter Benjamins Deutung von Paul Klees Bild des Angelus Novus neu zu verstehen als die seismographische Antizipation irreversibler Gedächtnisverluste in Gestalt von Trümmerlandschaften und postmodernen Wüstenbildungen. Es ist das Bild einer »einzigen Katastrophe«, nämlich der konsequenten Zerstörung der anamnetischen Kultur zugunsten einer hypertrophen Zukunfts-Idolatrie. Gemeint ist hiermit die Kultur des Erinnerns als Bedingung der Humanität und Identitätsfindung. Es ist jene Kultur, die Kierkegaard noch im Blick hatte, wenn er statuierte, daß das Leben zwar nach vorwärts gelebt, aber nur nach rückwärts verstanden wird.

Benjamins Beschreibung des Engels der Geschichte also als die Metapher dieses Verlustes rückwärtigen Verstehens des Menschen und seiner sich immer wieder erneuernden Geschichte der Irrtümer. Rückwärts blickend erkennt Benjamins Engel so die Geschichte der Zerstörung der anamnetischen Kultur im rasenden Fortschritts-Rhythmus von »Investition und Auslöschung« (Durs Grünbein): »Wo eine Kette von Begebenheiten vor uns erscheint, da sieht er [der Engel der Geschichte] eine einzige Katastrophe, die unablässig Trümmer auf Trümmer häuft und sie ihm vor die Füße schleudert. Er möchte wohl verweilen, die Toten wecken und das Zerschlagene zusammenfügen. Aber ein Sturm weht vom Paradiese her, der sich in seinen Flügeln verfangen hat und so stark ist, daß der Engel sie nicht mehr schließen kann. Dieser Sturm treibt ihn unaufhaltsam in die Zukunft, der er den Rücken kehrt, während der Trümmerhaufen vor ihm zum Himmel wächst.«[3]

Eine eingehende Beschreibung der Genese dieses Trümmerhaufens des Vergessens steht noch aus. Versuche einer Kulturgeschichte der Dialektik von Erinnern und Vergessen liegen bereits vor. Erwähnt sei hier vor allem die vorbildliche weltliterarisch orientierte Studie von Harald Weinrich, *Lethe, Kunst und Kritik des Vergessens*[4], und die Reflexionen zum Thema Vergessen und Erinnern in der Reihe *Poetik und Hermeneutik*[5]. Es kann daher nicht Aufgabe dieses Essays sein, die Geschichte des Erinnerns und Vergessens vom Mythos der Mnemosyne bis Auschwitz zu rekapitulieren. Es soll vielmehr fragmentarisch jener Historie des gescheiterten Erinnerns gedacht werden, die schon am Ende des 19. Jahrhunderts den Verdacht aufkommen ließ, daß der Fortschritt seine Kinder eines Tages entlassen könnte als »elektrisch beleuchtete Barbaren« (Theodor Fontane).

Weinrich unterscheidet in der Geschichte des Vergessens und Erinnerns unter anderem zwischen privatem und öffentlichem Vergessen, zwischen »verordnetem« (rechtlichem) und »verbotenem« Vergessen (angesichts der Untaten und Verbrechen gegen die Menschenrechte). Er gelangt jedoch zu einem beunruhigenden Resumée, dessen geheim-offenbaren Ursachen nachzugehen lohnend erscheint. Denn Weinrich gelangt zu dem Ergebnis: »Tatsächlich hat das philosophische Denken Europas, den Griechen folgend, die Wahrheit viele Jahrhunderte lang auf der Seite des Nicht-Vergessens, also des Gedächtnisses und der Erinnerung, gesucht und erst in der Neuzeit mehr oder weniger zaghaft den Versuch gemacht, auch dem Vergessen eine gewisse Wahrheit zuzubilligen.«[6]

Dem Vergessen kann in der Neuzeit zumindest »eine Wahrheit« besonderer Art zugebilligt werden. Auf eine kurze Formel gebracht ist es die Wahrheit der Zerstörung des Gedächtnisses. Es ist eine Wahrheit, die zurückreicht ins 18. Jahrhundert. Der Vergangenheitshaß der Moderne beginnt im besonderen mit der Französischen Revolution, mit der Destruktion des Gedächtnisses des Ancien régime. Goethe hat im *Faust* das Paradigma dieses rasant fortschreitenden Gedächtnisverlustes im Zeichen von Vergangenheitshaß und napoleonischer Flurbereinigung des alten Gedächtnisses metaphorisch protokolliert. Bis hin zur Liquidierung (Philemon und Baucis) jener Reste des Altertums, in denen Goethe das letzte Bollwerk gegen den Einbruch des Barbarischen erblickt. Er verstand Bildung noch als Teilhabe am Gedächtnis der Menschheit, als er im *West-östlichen Divan* für die Nachwelt kurzerhand dekretierte: »Wer nicht von dreitausend Jahren / Sich weiß Rechenschaft zu geben, / Bleib im Dunkeln unerfahren, / Mag von Tag zu Tage leben.«

Grillparzer wird 1849 hieraus den Schluß für den weiteren Gang der europäischen Bildung ziehen: »Von der Humanität über die Nationalität zur Bestialität«. Es beginnt die Säkularisierung aller Lebensverhältnisse im Zeichen rasanter Beschleunigung und Kappung aller Ankerketten eines lästigen Gedächtnisses. Ein Abwerfen von vermeintlichem »Ballast« also zugunsten einer ausschließlichen Progreß-Orientierung. Gleichzeitig zeichnet sich ein temporäres Schisma ab: Die Romantik einerseits als Projekt einer forcierten Rückgewinnung des entschwindenden kulturellen Gedächtnisses durch Rückgriff auf das Mittelalter. Andererseits bricht gleichzeitig eine zunehmend gedächtnislose Sorge-Gesellschaft auf im Namen von Großprojekten und Ideologien zur ökonomisch orientierten Optimierung der Weltgesellschaft. Ein Prozeß, der begleitet wird von weiteren radikalen Kontinuitätsbrüchen des Gedächtnisses in Gestalt von Weltkriegen, Bücherverbrennungen und der 68er-Revolte. Aber erst in der globalen Informationsgesellschaft des 21. Jahrhunderts scheint dieser Prozeß eine Dimension erreicht zu haben, die alle bisherigen Stadien zu übertreffen droht: im Illusionscharakter der Gedächtnis-Entlastung durch die digitalen Systeme bei gleichzeitig sich abzeichnenden Tendenzen einer Liquidierung tradierter Einrichtungen des Gedächtnisses (Bibliotheken, Theater, Opernhäuser, Museen etc.). Und dies begünstigt unter anderem durch den rapiden Verlust des ikonographischen Gedächtnisses antiker, christlicher und klassischer Tradition, im Verbund mit funktional und nur noch an Zukunfts-Kompetenz orientierten Erziehungssystemen sowie der Erfahrungslosigkeit virtueller Medien- und Informationswelten.

Die angebliche Entlastung des Gedächtnisses durch die digitalen Systeme als grandioses System der Selbsttäuschung hat Weinrich auf die lakonische Formel gebracht: »Gespeichert, das heißt vergessen.«[7] Und in der Tat hat beispielsweise BBC bereits den Verlust großer Mengen Materials aus der Frühzeit des Fernsehens eingestanden. Große Unternehmen sehen sich zunehmend mit der Aufgabe konfrontiert, zu enormen Kosten IT-Kompetenz aufzubauen, um die Fragilität ihrer Daten zu reduzieren. Die Hoffnung auf den Zugriff auf historische Informationen jenseits des erschreckend kurzen Zeitraums digitaler Speichermöglichkeiten verbindet sich inzwischen mit der Utopie eines »Storage Area Networking« (SAN). Eine Utopie, da diese Form der Überlebensmöglichkeit von Informationen unter anderem die Verteilung von Kopien auf verschiedene Orte der Welt voraussetzen würde, unter Nutzung von Speichergeräten aller Hersteller, deren

Produkte dann alle dem SAN-Standard entsprechen müßten. Die Rettung des digitalen Turms zu Babel also durch das Rekurrieren auf eine einzige »Standardsprache« aller Speichergeräte.

Die Apokalyptiker und Evangelisten des digitalen Zeitalters mit seinem technisch begrenzten Kurzzeitgedächtnis hat bereits Hans Magnus Enzensberger erinnert an den wichtigsten, bislang aber wenig beachteten Aspekt: »Die kulturellen Implikationen dieser Tatsache [des Kurzzeitgedächtnisses] sind bisher noch gar nicht erkannt worden. Vermutlich läuft das Ganze darauf hinaus, daß wir uns immer mehr immer weniger lange merken können.«[8]

Die digitalen Systeme also als die endgültige Ankunft des Odysseus bei den Lotophagen, als die Ankunft ohne Rückfahrkarte, ohne den Rückgriff auf die hinter ihm verbrannten Schiffe der Überlieferung? Eine Situation jedenfalls drohender kollektiver Amnesie, für die Goethes ironischer Kommentar in den *Zahmen Xenien* gelten könnte: »Gern wär ich Überlieferung los / Und ganz original; / Doch ist das Unternehmen groß / Und führt in manche Qual.«

Unerwartet scheint jedoch inzwischen Erlösung von »mancher Qual« der Lotophagen-Vergeßlichkeit zu nahen. Nämlich durch jenes Organ, das angeblich immer noch alle Computerleistungen übertrifft, das menschliche Gehirn. Der vorliegende Essay schließt daher mit dem Ausblick auf neuronale Verheißungen. Der Gesamtprozeß von der Wahrnehmung bis zum Abrufen von Erinnerungen ist zwar noch längst nicht verstanden. Immerhin zeigen Erkenntnisse der Neurobiologie, daß man von außen durch Wirkstoffe die Erinnerungswelt des Menschen aktivieren oder blockieren könnte. Kein Wunder, daß der Bioethikberater des amerikanischen Präsidenten, Leon Kass, in einem Dokument mit dem Titel *Jenseits der Therapie* bereits hingewiesen hat auf zukünftige Möglichkeiten eines medikamentösen Erinnerungsmanagements mit fundamentalen Folgen für die menschliche Gesellschaft. Eine Gesellschaft, die nach statistischen Hochrechnungen ohnehin im Jahr 2050 damit aufwarten kann, daß jeder sechste Erdbewohner älter als 65 Jahre sein wird und die Nachfrage nach Gedächtnisverstärkern gigantische Absatzmärkte entstehen lassen dürfte. Womit das Problem kollektiver Amnesien durch Alterungsprozesse unerwartet gelöst und Goethes Baccalaureus (im zweiten Teil der *Faust*-Tragödie) widerlegt wäre, wenn er mit voreiliger Gewißheit behauptet: »Gewiß! Das Alter ist ein kaltes Fieber / Im Frost von grillenhafter Not. / Hat einer dreißig Jahr vorüber, / So ist er schon so gut wie tot. / Am besten wär's, euch zeitig totzuschlagen.«

Aber auch ohne pharmazeutische Gedächtnisverstärker ist Hoffnung angesagt. Das Phänomen der gesellschaftlichen Alterung könnte auch eine neue Phase der Geschichte des Erinnerns eröffnen, sofern der Mensch bereit ist, den neuen anthropologischen Status des Alterns positiv zu definieren. In seinem Buch *Das Methusalem Komplott* empfiehlt Frank Schirrmacher jedenfalls den Geronten, sich gegen die herrschende und sie diskriminierende Jugend-Ideologie zu wehren und nicht jenen falschen Ausweg aus der Alterungsfalle zu wählen, der in den westlichen Kulturen en vogue sei: die »Infantilisierung von Medien, sozialen Rollen und der Öffentlichkeit. Die Tatsache, daß in Ländern, in denen nicht mehr so viele Kinder geboren werden, seit Jahren Jugendbücher wie ›Harry Potter‹ an der Spitze der Bestsellerlisten stehen, läßt keine Zweifel darüber zu, wer eigentlich diese Bücher liest. Das Gleiche gilt für Revival-Kults bei Getränken, Nahrungsmitteln, Autos, Filmen und Fernsehsendungen – sie alle sind gleichsam der Erinnerungsinhalt einer Generation, die keine anderen historischen Erfahrungen gemacht hat und wie Peter Pan hofft, dem Altern zu entgehen, indem sie spielt.[9]

Dem Altern ließe sich vor allem entgehen durch eine Änderung des Horizonts der Erwartungen. Denn die Erwartung nachlassender Erinnerungsleistungen beim Älterwerden führe selber – wie Studien belegen – zu schlechterem Erinnerungsvermögen. Und zwar »weil sie geringere Anstrengungen und frühere Resignation auslöst, den Gebrauch adaptiver Strategien als unsinnig erscheinen lässt, weil sie dazu führt, daß man Herausforderungen meidet und ärztliche Hilfe nicht in Anspruch nimmt. Denken Sie bei solchen Sätzen nicht an das hohe Alter. Denken Sie an die nächsten Jahrzehnte, die Ihnen bevorstehen. 95 Prozent der Diskriminierungen, die unser Selbstbewußtsein erleidet, haben damit zu tun, daß man dem Menschen Abbau an Leistungsfähigkeit unterstellt. Die Ideologie der ›has beens‹, der Ausgebrannten, vor allem in kreativen Berufen, ist längst in alle anderen gesellschaftlichen Bereiche eingewandert. In Wahrheit ist die Vorstellung des geistigen Abbaus nichts anderes als ein Konstrukt aus Angst und Vorurteil.«[10]

Das Konstrukt des Vorurteils aber sei durch Testergebnisse widerlegt. Man habe zwar bei den Testpersonen eine Verminderung des »Niveaus der Erinnerungsleistung« festgestellt, aber nicht der Erinnerungsfähigkeit selbst. Und Wolf Singer, der Direktor des Max-Planck-Instituts für Hirnforschung in Frankfurt, kann zeigen, daß Erfahrungen Strukturen im Gehirn hinterlassen, die die Geschwindigkeit des Jugendlichen dadurch kompensieren, daß der Erfahrene Abkürzungen nimmt, die der Jüngere nicht kennt.«[11]

Das gesellschaftspolitische Zukunftsprojekt einer »Vitalisierung des Alters«[12] könnte also möglicherweise auch für das Gedächtnis neue Perspektiven eröffnen. Immerhin wäre damit ein weiteres Argument zur Hand gegen den respektlosen Baccalaureus, der den (als Dozenten verkleideten) Mephisto im zweiten Teil des *Faust* mit der Behauptung konfrontiert: »Gewiß! Das Alter ist ein kaltes Fieber/ Im Frost von grillenhafter Not;/ Hat einer dreißig Jahr vorüber,/ So ist er schon so gut wie tot/ Am besten wär's, euch zeitig totzuschlagen.«

1. Kapitel

1803: Napoleon oder die Flurbereinigung
des alten Gedächtnisses

Spät, 1820, und an entlegener Stelle hat Goethe die Genese
des kollektiven Gedächtnisschwunds der sich ankündigenden
Moderne in zwei Sätzen zusammengedrängt. In dem Essay
Über Kunst und Altertum, und dort unter der Rubrik »Klas-
siker und Romantiker in Italien, sich heftig bekämpfend«,
hat er sie bilanziert, die Summe der Gedächtnisverluste der
Französischen Revolution und des Reichsdeputationshauptschlusses von 1803: »Wer bloß mit dem Vergangenen sich be-
schäftigt, kommt zuletzt in Gefahr, das Entschlafene, für uns
mumienhaft Vertrocknete an sein Herz zu schließen. Eben
dieses Festhalten aber am Abgeschiedenen bringt jederzeit
einen revolutionären Übergang hervor, wo das vorstrebende
Neue nicht länger zurückzudrängen, nicht zu bändigen ist, so
daß es sich von Allem losreißt, dessen Vorzüge nicht anerkennen, dessen Vorteile nicht mehr benutzen will.«

Von »Allem« losgerissen in Sachen Religion hatte sich
schon 1789 die Französische Revolution. Sie hatte den ge-
samten Kirchenbesitz in Frankreich per Dekret zum Natio-
naleigentum erklärt. Sie hat es aber dabei nicht belassen. Der
Bruch mit dem Ancien régime, mit der christlichen Tradition,
sollte noch wesentlich radikaler und in einer geistigen Tiefen-
dimension vollzogen werden, die bis heute beispiellos geblie-
ben ist. Die Macht der alten Zeit sollte in ihrem ureigenen
Element getroffen und von der Wurzel her eliminiert werden.
Und zwar durch eine grundlegende Reform der alten An-
schauungsform der Zeit selber. Immerhin war es 1582 der

17

Macht der Kirche gelungen, aus der überkommenen Zeitrechnung des Julianischen Kalenders 11 Tage verschwinden zu lassen. Der neue Herr der Zeit und zugleich der kirchlichen Macht, Papst Gregor XIII., hatte auf den 4. Oktober den 15. Oktober folgen lassen. Die neuen revolutionären Herren der Zeit wollten demgegenüber wesentlich mehr. Sie wollten die Zeit schlicht entchristlichen. Man beschloß daher in der Pariser Nationalversammlung nicht etwa eine ostentative Reform des tradierten Kalenders, sondern die totale Auslöschung der Identität einer Kultur von rund tausendachthundert Jahren christlicher Zeitrechnung. Denn durch Beschluß der Nationalversammlung wurde das Jahr 1792 kurzerhand zum Jahr 1; und die Monate hießen fortan nicht mehr September, Oktober, November etc., sondern Vendémaire, Brumaire, Frimaire etc.

Gründlicher hat sich nie wieder die Ratio im Lichte der Aufklärung von allen Ankerketten des Gedächtnisses und der Tradition losgerissen. Denn man beließ es nicht nur bei der neuen Zeitrechnung des Jahres 1. So rational wie mit dem im französischen Staatsarchiv verwahrten Urmeter wollte man auch das Zeitmaß traktieren: Der Revolutionskalender hatte zwar zwölf Monate, aber er war, um den schweren Eingriff in das hergebrachte Zeitsystem zu komplettieren, dezimal. Die Triumphe der Ratiohörigkeit der Französischen Revolution und deren Exzesse in Gestalt der Guillotine hat Goethe dann im *Faust* ironisiert durch Mephistos Vorwurf (im *Prolog im Himmel*) gegenüber Gott: »Ein wenig besser würd er [der Mensch] leben, / Hättst du ihm nicht den Schein des Himmelslichts gegeben; / Er nennts Vernunft und brauchts allein, / Nur tierischer als jedes Tier zu sein.«

Die Metapher der Löschung und Auslöschung von Gedächtnis und Erinnern verbindet sich gleichwohl spätestens seit der Französischen Revolution in Europa unverändert mit dem Begriff des Fortschritts als einer Zeitordnung ausschließlicher Zukunftsorientierung. Nicht zufällig avancierte die Löschtaste zu einem der wichtigsten Konstruktions-Elemente des Computers. Napoleon hat diese Entwicklung früh antizipiert. 1806 hat er als Beweis seiner Macht den Revolutionskalender wieder »ausgelöscht«. Daran haben auch die französischen Aufständischen der Revolution von 1830 nichts mehr ändern können, die offenbar in Erinnerung an den alten Kalender der Französischen Revolution von 1792 Schüsse auf die Kirchturmuhren abfeuerten.

Im übrigen hatte sich Napoleon schon vor 1806 als Vollstrecker dessen erwiesen, was die Französische Revolution 14 Jahre vorher bereits eingeleitet hatte. Am 25. Februar 1803 im Regensburger Reichsdeputationshauptschluß vollzieht er grenzen- und nationenübergreifend postrevolutionär die endgültige Flurbereinigung des alten Gedächtnisses. Als Blitzkriegstratege avant la lettre stößt er in Regensburg nieder, was ohnehin schon stürzte. Ein Großreinemachen, ein Aufräumen mit allen Traditionen und Memorabilien des greisen Heiligen Römischen Reiches Deutscher Nation nimmt hier seinen Anfang in Gestalt einer gigantischen Enteignungsmaßnahme: die Aufteilung aller geistlichen Gebiete (außer Mainz), und von 45 der 51 Reichsstädte auf die weltlichen Fürsten als Entschädigung für die an Frankreich verlorenen linksrheinischen Besitzungen. Ein bildungspolitischer und kulturelltheologischer Amnesie-Prozeß, der im Handumdrehen nicht nur vier alte Erzbistümer, 18 Bistümer und rund 300 Abteien, Stifte und Klöster erfaßt. Schließlich wird im Zuge der Säkularisation auch noch die alte Reichskirche beseitigt und die katholische Bevölkerung in eine Minderheitenposition gedrängt.

Ein Kontinuitätsbruch unter der Flagge der Aufklärung mit paradigmatischen Folgen. Bis hinauf zur jüngsten Gegenwart, die Thomas Hettche[1] kürzlich diagnostiziert hat mit Worten, die nur wenig modifiziert auch als Analyse des Zeitgeistes nach 1803 Gültigkeit beanspruchen könnten: »Möglicherweise liegt die Schwierigkeit einer Beschreibung der gegenwärtigen gesellschaftlichen Veränderungen darin, daß Verlust ihr zentrales Moment ist. Denn der Mangel, an den wir uns Schritt für Schritt gewöhnen, produziert seine eigenen Gespenster und Untoten. Besonders deutlich wird dies in der kulturellen Sphäre. Bibliotheken und Theater, Zeitungen und Verlage, öffentlich-rechtliches Fernsehen und Universität – durch all die aufgelassenen Paläste unserer Kultur irrlichtern noch die Geister vergangener Pracht und schon die Chimären der neuen Talmi-Öffentlichkeit. Zusammen verdecken sie, daß es längst nicht mehr um Sentimentalität gegenüber liebgewonnenen Traditionen geht, sondern daß unsere Gesellschaft vor der Frage steht, was sie von sich selbst zu bewahren noch in der Lage und willens ist. Denn die Frage nach den Bedingungen des Sammelns, nach den Veränderungen von Bewahren und Vergessen und also nach unserem Gedächtnis ist eine nach unserem Selbstverständnis.«

2. Kapitel

Vergangenheitshaß: Dr. Faust
als Zeitgenosse der Moderne

Wenn Goethe 1820 – wie bereits erwähnt – zur Genese des kollektiven Gedächtnisschwunds der sich ankündigenden Moderne bemerkt, daß das »vortretende Neue ... sich von Allem losreißt, dessen Vorzüge nicht anerkennen, dessen Vorteile nicht benutzen will«[1], so ist dies eine Feststellung, die er am 22. März 1831 gegenüber Eckermann abgründig ergänzt mit einer lakonischen Definition der Barbarei: »... denn worin besteht die Barbarei anders als darin, daß man das Vortreffliche nicht anerkennt«[2]. Eine Definition, die im unmittelbaren Zusammenhang steht mit Goethes Schelte deutscher Romantiker in Rom, über die er bemerkt: »Der großen Meister wegen, und um etwas zu lernen, scheinen sie nicht nach Rom gekommen zu sein.«[3] Die »unselig-romantische Richtung« also. Goethe hat sie an anderer Stelle als »das Kranke« bezeichnet. Hier erscheint sie als Synonym für die Unfähigkeit des Anerkennens und zugleich als verkürztes Gedächtnis. Als ein Gedächtnis, das zwar noch einmal den Versuch unternimmt, sich zu erinnern, aber bereits gezeichnet ist von Geschichtsvergessenheit im Sinne jener Langzeit-Rechenschaftslegung von »dreitausend Jahren«, die Goethe am Ende seines Lebens bilanziert mit den Worten: »Was bin ich denn selbst? Was habe ich denn gemacht? Ich sammelte und benutze alles, was mir vor Augen, vor Ohren, vor die Sinne kam. . . . . Alle kamen und brachten mir ihre Gedanken, ihr Können, ihre Erfahrungen, ihr Leben und ihr Sein; so erntete ich oft, was andere gesäet; mein Lebenswerk ist das eines Kollektivwesens, und dies Werk trägt den Namen Goethe.«⁴ Und die dem Gedächtnis geschuldeten Bedingungen dieses »Kollektivwesens« hat Goethe dann im Gedicht *Gott, Gemüt und Welt* auf die gereimte Formel gebracht: »Ein holder Born, in welchem ich bade, / Ist Überlieferung, ist Gnade.«

Für Goethes Langzeitgedächtnis in Gestalt »kollektiven« Erinnerns des Vortrefflichen der »Überlieferung« war das selektive Kurzzeitgedächtnis der Romantiker bereits ein unzureichendes Bollwerk gegen die Heraufkunft der Barbarei. Gegenüber dem Philologen K. J. Sillig hat er denn auch am 30. Juli 1830 die Notwendigkeit eines ganz anderen, nämlich auch die Antike umfassenden Langzeitgedächtnisses erläutert mit den Worten: »Wir würden ja noch in der Barbarei leben, wenn nicht die Überreste des Altertums in verschiedener Gestalt vorhanden wären.«

Man muß sich diesen Satz vergegenwärtigen, um zu ermessen, welches Ausmaß künftiger Barbarei-Akte in Europa Goethe dann im 5. Akt des zweiten Teils der *Faust*-Tragödie metaphorisch antizipiert. Goethe, der den zweiten Teil gleichsam als die Büchse der Pandora vorsorglich versiegelt hat, entwirft hier nichts Geringeres als das Szenario des modernen Vergangenheitshasses gegenüber allen »Überresten des Altertums«. Es ist Faust, der als Protagonist dieses barbarischen Vergangenheitshasses, jetzt im Zeichen einer hypertrophen Progreß- und Zukunftsorientierung, die ihn störenden »Überreste des Altertums« durch seine drei willigen Helfershelfer liquidieren läßt. Es sind die mythologischen Gestalten Philemon und Baucis, die als friedliches Paar klassischen Gedächtnisses auf Fausts Grundstück siedeln und deren alte Hütte für Faust, der »der Zukunft nur gewärtig ist«, ein »Dorn den Augen« ist. Sie werden durch seine eiligen

Spießgesellen in einem Akt der Barbarei ein Opfer der Flammen. Faust läßt hierbei auch gleichzeitig die alte metaphysische Gedächtniskultur eliminieren. Denn der als Wanderer verkleidete Zeus, den Philemon und Baucis gastfreundlich in ihre Hütte aufgenommen hatten, wird von Fausts Mordgesellen gleich mitliquidiert. Das heißt, Goethe demonstriert hier in Gestalt sehr ernster Scherze die Spätfolgen der religiösen Flurbereinigung der Französischen Revolution und des Reichsdeputationshauptschlusses von 1803. Und nicht zuletzt desavouiert Goethe damit beiläufig auch alle Illusionen einer Restituierung religiösen Gedächtnisses durch frömmelnde Romantiker.

Es sind Spießgesellen mit barbarischen Zügen, die Goethe für Faust als willige Vollstrecker tätig werden läßt und die auf gespenstische Weise Zukünftiges antizipieren. Nämlich jene Zukunft gedächtnisloser Barbarei, die der englische Historiker Ian Kershaw eindringlich untersucht hat in seiner großen Hitler-Biographie[5] zum Wechselspiel zwischen dem Diktator, dem »Haupturheber« des »barbarischsten Krieges in der Geschichte der Menschheit«, und einer Gesellschaft mit barbarischen Zügen, die ihm zuarbeitete. Es ist derselbe Vergangenheitshaß, der hier wie dort als Quellgrund der Barbarei manifest wird und den Flammen übereignet, was ihm als unwert erscheint.

Goethe hat diesen Auslöschungsprozeß des Gedächtnisses in Gestalt einer Bücherverbrennung bereits früh empfunden als »wirklich etwas Fürchterliches«. Eine öffentliche Bücherverbrennung während seiner Kindheit hat er mit den Worten beschrieben: »Es hatte wirklich etwas Fürchterliches, eine Strafe an einem leblosen Wesen ausgeübt zu sehen. Die Ballen platzten im Feuer, und wurden durch Ofengabeln auseinandergeschürt und mit den Flammen mehr in Berührung gebracht. Es dauerte nicht lange, so flogen die angebrannten Blätter in der Luft herum, und die Menge haschte begierig darnach.«[6]

Goethe hat im *Faust II* diesen Akt der Gedächtnisauslöschung verschränkt mit dem Prototyp gewaltsamer Auslöschung überhaupt, dem Krieg. Es ist Mephisto, der im erwähnten 5. Akt das Geheimnis der drei willigen Helfer lüftet und sie höhnisch brandmarkt mit den Worten: »Krieg, Handel, Piraterie, / Dreieinig sind sie, nicht zu trennen.« Und den historischen Ort künftiger Auslöschungen durch Kriege hat Goethe, was bislang wenig beachtet worden ist, genau dort dingfest gemacht, wo dann auch wirklich die Drehbücher barbarischer Kriege und radikaler Kontinuitätsbrüche des Gedächtnisses im Zeichen einer allmählichen Militarisierung aller Lebensbereiche generiert werden sollten: in Berlin. Goethe, der sich selber als ein »Kind des Friedens« bezeichnet hat, ist denn auch früh zum konsequenten Berlinverweigerer geworden, nachdem er im Mai 1778 seinen Herzog nach Berlin begleiten mußte. Charlotte von Stein schildert er seine Empfindungen an der »Quelle des Kriegs . . . in dem Augenblick, da sie überzusprudeln droht«, mit Worten schonungsloser Desillusionierung und Prophetie. Es sind Sätze einer Ahnung künftiger Barbarei, die er andeutet mit den Worten: »Es welckt die Blüte des Vertrauens der Offenheit, der hingebenden Liebe immer mehr . . . Und die Pracht der Königsstadt [Berlin] . . ., das nichts wäre ohne die tausend und tausend Menschen, bereit für sie geopfert zu werden.«[7]

Und es ist sicherlich kein Zufall, daß Goethe mehr als 40 Jahre später, im November 1825, in einem nach Berlin gerichteten Brief dann jene Formel der Moderne findet, in der er diese frühen Ahnungen auf den Punkt bringt: »Alles velozife-risch.«[8] Es ist die Formel, hinter der sich nicht nur Goethes seismographische Wahrnehmung der Übereilungs- und Be-schleunigungstendenzen seiner Zeit verbirgt.[9] Sie kann zu-gleich auch verstanden werden als die tiefste Begründung für die Gedächtnisverluste der Moderne. Nur unter diesem letzt-genannten Aspekt soll dieser Begriff Goethes im Folgenden denn auch betrachtet und neu gedeutet werden. Nämlich die Eliminierung von Vergangenheits- und Gegenwartsgedächt-nis zugunsten einer Zukunft beschleunigter und totaler Mo-bilmachung. In diesem Sinne agiert denn auch die »Sorge«. Im letzten Akt des *Faust* hat Goethe sie als die alles dominie-rende Repräsentantin dieses Bewußtseins der Zukunftsorien-tierung des modernen Menschen charakterisiert mit den Worten: »Wen ich einmal mir besitze, / Dem ist alle Welt nichts nütze: / Ewiges Düstre steigt herunter, / Sonne geht nicht auf noch unter . . . / Sei es Wonne, sei es Plage, / Schiebt er's zu dem andern Tage, / Ist der Zukunft nur gewärtig, / Und so wird er niemals fertig.«

Goethe hat die Formel der Gedächtnisverluste der Mo-derne im Postskriptum seines Schreibens vom November 1825 (an seinen Großneffen Nicolovius in Berlin) formuliert und diesen Nachsatz seines Briefes nie abgesandt. Er hat ihn sekretiert wie den zweiten Teil des *Faust*, weil er seiner Ma-xime folgte, anderen nur das zu sagen, was sie aufnehmen können. Und 1825 hätte man in der Tat wohl schwerlich ver-standen, warum ausgerechnet das »Veloziferische« von Goe-the bezeichnet worden ist als das »größte Unheil unserer Zeit, die nichts reif werden läßt . . . und so immer aus der Hand in den Mund lebt«.

Dieses von ihm antizipierte »Aus der Hand in den Mund«-

Gedächtnis der modernen Medien- und Informationsgesellschaft hat Goethe allerdings nicht nur verstanden als ein bereits den veloziferischen Tendenzen seiner Zeit (u. a. der Französischen Revolution, der Beschleunigung der Transportmittel) geschuldetes Phänomen. Er hat den rapiden Verlust der anamnetischen Kultur, des Erinnerns des Vortrefflichen auch verstanden im Sinne eines der menschlichen Ratio eigenen Syndroms der Ungeduld und Übereilung. In den *Maximen und Reflexionen* heißt es hierzu: »Theorien sind gewöhnlich Übereilungen eines ungeduldigen Verstandes, der die Phänomene gerne los sein möchte . . .«[10] Es ist dieser ontologische Defekt des »ungeduldigen Verstandes«, den Faust hypertroph repräsentiert mit seinem zukunftsweisenden Entschluß: »Fluch vor allem der Geduld.« Diese Ungeduld ist es, der er die anamnetische Kultur, das Gedächtnis und Erinnern als Bedingung der Humanität opfern wird. Und wenn Goethe feststellt, »daß des Menschen Leben nur insofern etwas wert ist, als es eine Folge hat«[11], so bricht Faust ungeduldig mit dieser durch Gedächtnis gewährleisteten Folge.

Goethe hat es im *Faust* allerdings nicht dabei belassen. Er hat im 2. Akt des zweiten Teils ironisch die Gegenwelt dieser gedächtnislosen Traditionsbrüche seines Helden gestaltet: in der Figur des Homunculus. Während Fausts Ungeduld konsequent mit dem Gedächtnis aller Überlieferung bricht, nichts sehnlicher wünscht, als in die Zukunft aufzubrechen und »von allem Wissensqualm entladen« zu sein, geht Homunculus andere Wege. Homunculus, als der vom Molekularbiologen Wagner intendierte neue Mensch, ist als Produkt szientistischer Ungeduld (denn Mephisto assistiert Wagner veloziferisch beim »Schöpfungsakt«), eingesperrt in einer Phiole, fatalerweise nur halb zur Welt gekommen. Er versucht nun seine

Existenz zu optimieren durch bewußten Rückgriff auf das Gedächtnis: durch Erinnern ältester Überlieferung der Antike. Er korrigiert das mißglückte Experiment der zweiten szientistischen Evolution seiner gedächtnislosen Erzeuger durch Rekurrieren auf die Weisheit vorsokratischer Philosophie. Diese aber weist ihn nicht nach vorne in die Heilserwartungen der Moderne, sondern zurück an den Anfang der Evolution. Mit Aussicht auf einen nicht-szientistischen neuen Menschen jenseits des ungeduldigen Phänotyps des »antiquierten« Menschen. Oder anders formuliert und im Kontext des 19. Jahrhunderts: Während Franz Grillparzer im März 1849 (in dem Gedicht *Der Leopoldsritter*) der europäischen Bildung den Weg in die gedächtnislose Barbarei prophezeit (»Der Weg der neueren Bildung geht / Von der Humanität / Durch die Nationalität / Zur Bestialität«)[12], tritt Goethes Homunculus dialektisch den Rückweg an in eine Erinnerungskultur, die der Barbarei zu entgehen versucht durch Erinnern des »Vortrefflichen«, durch Urteilskraft einer gedächtnisreichen Bildung.

Faust aber geht den Weg weiter in die von Grillparzer prophezeite »Bestialität« gedächtnisloser Selbstzerstörung. Das heißt, *Faust* gewinnt hier unverhofft eine bildungspolitische Aktualität vor dem Hintergrund der Traditions- und Gedächtniskatastrophen der Moderne. Und Goethe selbst wäre hierbei durchaus zur Stelle mit seinem Xenion: »Wir sind vielleicht zu antik gewesen. / Nun wollen wir es moderner lesen.«

Wie modern läßt er sich lesen, Faust, der Prototyp der Vergeßlichkeit und des Vergangenheitshasses? Ist er nicht schon lange vor uns angelangt im 21. Jahrhundert? Die Geisteswissenschaften im Zeichen des tradierten und memorierten Worts und der Schriftkultur hat Faust jedenfalls längst hinter sich gelassen und diskreditiert als Wortklauberei (»tu nicht

mehr in Worten kramen«) und Wissensekel (»Mir ekelt lange
vor allem Wissen«). Als letzter maliziöser Bewahrer des Gedächtnisses fungiert plötzlich nicht mehr Faust als pflichtver-
gessener Ex-Geisteswissenschaftler, sondern Mephisto. Ein
folgenschwerer Rollentausch. Weinrich hat darauf hingewiesen, daß Mephisto sein Opfer, Faust, »von einem Vergessen
zum nächsten treibt, bis dieser am Ende . . . sich selber ver-
gißt«[13]. Der Teufel glaubt an die Kunst des Vergessens, während er selber sein einziges Ziel, Fausts Seele, durchaus in aus-
gezeichnetem Gedächtnis behält. Die mit Blut bekräftigte
Wette kommentiert Mephisto denn auch mit den Worten:
»Bedenk' es wohl, wir werden's nicht vergessen.«
    Mephisto also als der letzte Garant jener antiken Gedächt-
niskunst, der Mnemotechnik, als deren Begründer der Dich-
ter Simonides gilt[14], der unvermutet vom Türhüter aus dem
Saal gerufen wurde und dann in der Lage war, anhand der erinnerten Sitzordnung die Gäste zu identifizieren, die im Saal
begraben wurden von der Decke, deren Einsturz Simonides
soeben entkommen war. Es ist allerdings im Falle Mephistos
eine diabolische Mnemotechnik, eine Gedächtnisleistung
ex negativo, da sie zugleich verbunden ist mit dem Ziel,
Fausts Gedächtnis auszulöschen. Mephistos Strategie dieser
Gedächtnis-Auslöschung ist vor allem veloziferischer Natur.
Denn er dient Faust bereits alle Instrumente einer gedächtnislosen zukunftsorientierten Beschleunigung an. Den schnellen
Mantel, den schnellen Degen, das schnelle Geld, die schnelle
Liebe benutzt Mephisto, um im Sinne einer modernen Infor-
mations- und Medien-Gesellschaft für Faust ein Pandämo-
nium sich ständig beschleunigender Event- und Ereignis-
sequenzen zu inszenieren mit dem Ziel, jedes Erinnern als
Störung erscheinen zu lassen.

Mephisto stürzt Faust in Orgien des Vergessens, durch rapide Ortswechsel und Ablenkungen. Er spart nicht mit desorientierenden Sensationen und Zerstreuungen nach der Devise: »Den schlepp ich durch das wilde Leben, / Durch flache Unbedeutendheit.« Und so reicht denn Mephistos Register zur Generierung von Gedächtniskrisen im ersten Teil der Tragödie vom herbeigezauberten Alkohol in Auerbachs Keller bis hin zur Halbierung des Langzeitgedächtnisses des etwa 60jährigen Faust: Hier, mit der Verjüngung Fausts um etwa dreißig Jahre in der Hexenküche, gelingt Mephisto endgültig der Vorgriff in Science-fiction-Visionen des 21. Jahrhunderts. Er bedient sich bereits der neurobiologischen Erkenntnisse der letzten Jahrzehnte des 20. Jahrhunderts mit der Entschlüsselung der molekularen Mechanismen des Gedächtnisses und der Aussicht auf eine gedächtnisblockierende Pille. Ein »memory-blocker«, den der Bioethikberater des amerikanischen Präsidenten, Leon Kass, verdächtigt hat als künftige Möglichkeit, nicht nur eine Person, sondern mittelfristig auch die menschliche Gesellschaft zu korrodieren. Im Falle des Doktor Faust gelingt Mephisto jedenfalls bereits das Auslöschen einer ganzen Generation von Erfahrungen am Beispiel seines um dreißig Jahre verjüngten Vergessens-Opfers. Er führt Faust vor als ein frühes Phänomen der postmodernen Gesellschaft mit rapide schrumpfenden Generations-Intervallen bei gleichzeitig zunehmender Unmöglichkeit der Akzeptanz und des Transfers von Gedächtnis- und Erfahrungsinhalten zwischen den Generationen.

Mit der Löschung des Langzeitgedächtnisses gewinnt Faust die Zukunft auf Kosten der Vergangenheit. Er wird damit nach Mephistos Plan nicht nur vorbereitet für das veloziferische Liebesabenteuer mit Gretchen. Fausts Gedächtnis ist

auch vorbereitet für die Verdrängung der Gretchen geschwo-
renen ewigen Liebe und aller Schuld. Fausts Gedächtnisver-
lust durch Verjüngung also als ein Frühwarnsystem moderner Mechanismen des Verdrängens begangener Untaten im
Geiste jenes Umgangs mit Vergangenheit und Geschichte, der
nach dem Ersten und erneut nach dem Zweiten Weltkrieg bis
in die jüngste Vergangenheit historisch und gesellschaftspoli-
tisch relevant geworden ist.

Karl Heinz Bohrer hat diesen Sachverhalt jedenfalls für die
Zeit nach 1945 analysiert mit dem Ergebnis, »daß eine große
Gruppe von Deutschen in der Nachkriegszeit jede Reflexion
der Epoche vor der Stunde Null ausgeblendet« habe. Außerdem habe die Zeitgeschichte, Sozialgeschichte und Soziologie
die deutsche Geschichte bewußt reduziert auf eine Vorge-
schichte des Nationalsozialismus: »Es handelt sich sozusagen
um eine rechte und eine linke Auflösung der geschichtlichen
Zeit. Entweder zugunsten eines therapeutisch fungierenden
Vergessens, die rechte Variante, oder eines moralisch fungierenden Isolierens, die linke Variante. In beiden Fällen ist ein
Langzeitgedächtnis im Sinne einer kulturellen Identität nicht
mehr gegeben.«[15]

Faust selber beschreibt diese identitätsauflösende Form des
therapeutisch fungierenden Vergessens von Mephistos Gna-
den gegenüber Gretchen mit den beschwörenden Worten in
der Kerkerszene: »Laß das Vergang'ne vergangen sein, / Du
bringst mich um.« Um dann zu Beginn des zweiten Teils der
Tragödie in »anmutiger Gegend« endgültig die Triumphe
mühelosen Vergessens zu feiern. Selten hat eine Gestalt der
Dichtung so eindringlich metaphorisch die Modernität der
täglich geübten Trinkkur aus dem antiken Unterweltfluß Lethe vorgeführt. Jenes Lethe-Wasser, das in der Vorstellung

der Griechen die Seelen tranken, um durch das Vergessen ihrer früheren Existenz sich vorzubereiten auf die Wiedergeburt in einem neuen Leib. Vergil hat in der *Aeneis* diesen Vorgang lakonisch beschrieben mit den Worten: ».. . Die Seelen, denen das Fatum / Andere Leiber bestimmt, schöpfen aus Lethes Welle / Heiteres Naß, so trinken sie langes Vergessen.«[16]

»Langes Vergessen«, das heißt, Fausts Ausruf »Vergangenheit sei hinter uns getan«, hat daher dem Goetheschen Helden aus französischer Sicht schon früh den schwerwiegenden Vorwurf eines »unbeständigen Charakters« (»un caractère inconstant«) eingetragen.[17] Und Theodor W. Adorno hat sogar vermutet, daß Faust am Ende seine Wette vergessen habe, »samt aller Untat, die der Verstrickte beging und gestattete«[18]. Ein Vergessens-Verdacht, dem man, wie Karl Heinz Bohrer bemerkt, in Deutschland nach 1945 notorisch begegnet ist, indem man »kulturelle Identität . . . über die Holocaust-Identifikation als Gründungsmythos der Bundesrepublik herstellen wollte. Man substituierte die Langzeit durch kurzzeitliche negative Zeitsymbolik; die die Nachkriegszeit dominierende Soziologie hat die Zeitdimension methodisch überhaupt ausgeblendet, weil sie immer nur an kurzzeitrelevanter Gesellschaftsbeobachtung interessiert ist. Dem hat sich die sozialhistorische westdeutsche Historik angeschlossen.«[19]

Wie demgegenüber Goethe selber im Umgang mit der Vergangenheit dem veloziferischen Vergessenshelfer Mephisto bewußt Paroli geboten hat, läßt sich ablesen aus der Notiz in *Tag- und Jahreshefte 1804*: »Ich rief im stillen mir das Vergangene zurück, um nach meiner Art, daran das Gegenwärtige zu prüfen und das Künftige daraus zu schließen, oder doch wenigstens zu ahnen.« Goethe ist also auch in dieser Hinsicht das, was Nietzsche vermutet hat, nämlich in der Geschichte der Deutschen »ein Zwischenfall ohne Folgen«? Immerhin gibt es aber auch bei Goethe den abgründigen Vorbehalt: »Wir alle leben vom Vergangenen und gehen am Vergangenen zugrunde.«[20]

Und die Gegenwart hat er ausdrücklich bezeichnet als »die einzige Göttin, die ich anbete . . .«[21] Allerdings im Sinne einer Vergangenheit und Zukunft mitumfassenden Gegenwart. Indes, auch Goethe kannte die Gnade des Vergessens. Aber er beherrschte vor allem die »ars memoriae«, die Gedächtniskunst. Ja, es ist diese Kunst der Vergegenwärtigung des Vorzüglichen der Vergangenheit, die durchaus als eines der Geheimnisse seiner Produktivität und Neidlosigkeit betrachtet werden kann: »Wer Gedächtnis hat, sollte niemand beneiden«, notiert er am 30. Oktober 1775 in sein *Reisetagebuch*. Wenn er gegenüber Zelter resümiert: »Bezüge sind alles. Bezüge aber sind das Leben«, so sind es letztlich Gedächtnis und Erinnern, die diese Bezüge stiften im inkommensurablen Kosmos seiner Werke. Und es sind auch Gedächtnis und Erinnern, die ermöglicht haben, was Goethe als »das Leben im tiefsten Innern« verstanden hat: »Zierlich Denken und süß Erinnern / Ist das Leben im tiefsten Innern.«[22]

3. Kapitel

»Die Legionäre des Augenblicks« oder das Autodafé des Gedächtnisses

Goethes auf lebendiges Erinnern gründendes »Leben im tiefsten Innern«, seine Bildung als Teilhabe am Gedächtnis des
Vorzüglichen der Menschheit, wird ein halbes Jahrhundert
später für Nietzsche zur geheim-offenbaren Richtschnur seines Urteils über die gedächtnislosen »Legionäre des Augenblicks« der wilhelminischen Ära. Er hat diese Richtschnur
1873/74 gegen den Zeitgeist verteidigt mit den Worten: »Über
Goethe hat uns neuerdings jemand belehren wollen, daß er
mit seinen 82 Jahren sich ausgelebt habe: Und doch würde ich
gern ein paar Jahre des ausgelebten Goethe gegen ganze Wa-
genladungen voll frischer hochmoderner Lebensläufte ein-
handeln, um noch einen Anteil an solchen Gesprächen zu
haben, wie sie Goethe mit Eckermann führte, um auf diese
Weise vor allen zeitgemäßen Belehrungen durch die Legionäre des Augenblicks bewahrt zu bleiben.«[1] Wenige Jahre
später bereits wird Nietzsche in *Menschliches, Allzumenschliches* diese »Legionäre des Augenblicks« im Geiste Goethes
identifizieren als den Beginn einer gedächtnislosen Barbarei.
Und dies ganz im Zeichen der von Goethe diagnostizierten
»veloziferischen« Tendenzen des Jahrhunderts. Nietzsche begreift die »Legionäre des Augenblicks« nämlich als die »veloziferisch« Ruhelosen. Und so schreibt er denn Goethes Einsicht über das »größte Unheil unserer Zeit« jetzt fort mit den
Worten: »Aus Mangel an Ruhe läuft unsere Zivilisation in
eine neue Barbarei aus. Zu keiner Zeit haben die Tätigen, das
heißt die Ruhelosen, mehr gegolten. Es gehört deshalb zu den

notwendigen Korrekturen, welche man am Charakter der Menschheit vornehmen muss, das beschauliche Element in großem Maße zu verstärken.«[2] Die mit der Ruhelosigkeit verbundenen Wahrnehmungs- und Gedächtnisverluste hat dann Nietzsche beschrieben mit den Worten: »Bei der ungeheuren Beschleunigung des Lebens wird Geist und Auge an ein halbes oder falsches Sehen und Urteilen gewöhnt.«[3]

In Vorahnung der rapiden Gedächtnisverluste der Moderne fordert Nietzsche daher eine Entschleunigung der Zeit, ein Innewerden des eigenen Tuns durch eine Verstärkung des »beschaulichen Elements« und ein Rekurrieren auf gedächtnisreiche Bildung. Nietzsche erinnert sich dieser Bildung Goethes, wenn er bereits 1881 resignierend bemerkt: »Als die Deutschen den anderen Völkern Europas anfingen interessant zu werden – es ist nicht zu lange her –, geschah es vermöge einer Bildung, die sie jetzt nicht mehr besitzen, ja, die sie mit einem blinden Eifer abgeschüttelt haben, wie als ob sie eine Krankheit gewesen sei, und doch wußten sie nichts Besseres dagegen einzutauschen als den politischen und nationalen Wahnsinn.«[4]

Es war jener »politische und nationale Wahnsinn«, den Goethe 1778 in Berlin antizipiert hatte mit Blick auf diese »Königsstadt«[5]. Dieser inzwischen zur Hauptstadt des Deutschen Reiches avancierten »Königsstadt« aber prophezeit Nietzsche nun 1873, also kurz nach dem Sieg über Frankreich, »eine völlige Niederlage« im Sinne jeder auf Gedächtnis gründenden Kultur und Humanität. Die »Legionäre des Augenblicks« warnt er mit den Worten: »Ein großer Sieg ist eine große Gefahr. Die menschliche Natur erträgt ihn schwerer als eine Niederlage; ja es scheint selbst leichter zu sein, einen solchen Sieg zu erringen, als ihn zu ertragen, daß daraus keine schwerere Niederlage entsteht. Von allen schlimmen Folgen aber, die der letzte mit Frankreich geführte Krieg hinter sich dreinzieht, ist vielleicht die schlimmste ein weit verbreiteter, ja allgemeiner Irrtum: Der Irrtum . . ., daß auch die deutsche Kultur in jenem Kampf gesiegt habe . . . Dieser Wahn ist höchst verderblich: . . . weil er imstande ist, unseren Sieg in eine völlige Niederlage zu verwandeln: in die Niederlage, ja Exstirpation des deutschen Geistes zugunsten des deutschen Reiches.«[6]

Eine »Exstirpation« auch des Gedächtnisses, die 1886 Nietzsche sarkastisch in *Jenseits von Gut und Böse* kommentiert mit dem Aphorismus: »Selig sind die Vergeßlichen, denn sie werden auch mit ihren Dummheiten ›fertig‹.«[7] Und auch die den »politischen und nationalen Wahnsinn« begleitenden Verdrängungsprozesse – einschließlich ihrer Fortsetzungen im 20. und 21. Jahrhundert – hat Nietzsche im selben Jahr hellsichtig beschrieben: »›Das habe ich getan‹, sagt mein Gedächtnis. ›Das kann ich nicht getan haben‹, sagt mein Stolz und bleibt unerbittlich. Endlich gibt mein Gedächtnis nach.«[8]

Weinrich hat darauf aufmerksam gemacht, daß Nietzsches Position zwischen Erinnern und Vergessen nicht leicht zu bestimmen sei. Es sei die Frage, »ob es bei ihm in dieser Hinsicht überhaupt *eine* Position gibt, und ob er, der in seine Rhetorik-Vorlesung in Basel (im Wintersemester 1872/83) die »ars memoriae« (Gedächtniskunst) einschloß, überhaupt über die konkurrierende Idee einer »ars oblivionalis« (Kunst des Vergessens) unterrichtet war«[9]. Sicher ist, daß Nietzsche im Sinne der Warnung Goethes »Wir alle leben vom Vergangenen und gehen am Vergangenen zugrunde«[10] in seiner Schrift *Vom Nutzen und Nachteil der Historie für das Leben* für die von Mephisto bei Faust so erfolgreich praktizierte Kunst des Vergessens plädiert. Ein Befreiungsschlag also gegenüber jeder Art des Handelns und lähmender »greisenhafter Beschäftigung« mit der Historie zum »Nachteil des Lebens«.

Aber, und hierauf hat Weinrich ebenfalls aufmerksam gemacht[11], ein großer Irrtum wäre es, würde man die genannte Schrift Nietzsches als eine Apologie der Auslöschung des kulturellen Gedächtnisses interpretieren. Denn es ist Nietzsche, der 1887 in seiner Schrift *Zur Genealogie der Moral* im Interesse einer privaten und öffentlichen Moral ausführlich die Notwendigkeit des Gedächtnisses erläutert. Ja, er hat dort sogar die Grundfrage der Moral »wie macht man dem Menschen-Tiere ein Gedächtnis?« rigoros beantwortet mit dem Hinweis: »Man brennt etwas ein, damit es im Gedächtnis bleibt: Nur was nicht aufhört, weh zu tun, bleibt im Gedächtnis.«[12] Vor allem aber lassen die bereits erwähnten Äußerungen zum »politischen und nationalen Wahnsinn« seiner Zeit und ihrer Goethe-Ferne Nietzsche zweifellos als einen der letzten Apologeten einer Gedächtniskultur erscheinen in einer Zeit, die sich zunehmend definierte als Beherrschung avancierter Technik im Verbund mit steinzeitlicher Ethik.

Nietzsche hat diesen Aufbruch in die emanzipierte Wildnis gedächtnisloser Barbarei begleitet mit dem Satz: »Der Irrsinn ist bei Einzelnen etwas Seltenes – aber bei Gruppen, Parteien, Völkern, Zeiten die Regel.«[13] Er hat den ersten Schritt in diesen »Irrsinn« dingfest gemacht am Traditionsbruch des deutschen Sieges über Frankreich.

Er ahnte aber offenbar, daß weitere Traditions- und Gedächtnisbrüche folgen sollten im Zeichen des »politischen und nationalen Wahnsinns«, der schließlich in der Bücherverbrennung von 1933 seinen eigentlichen Höhepunkt erreichen sollte. Denn 1933 markiert gleichsam den historischen Moment des endgültigen Abschieds von einem noch mit dem Gedächtnis verbundenen Menschenbild. Die Geschichte des in der Schrift beheimateten Erinnerns gelangt hier metaphorisch an ihr Ende. Sie nimmt Abschied, obgleich schon ihr Anfang mit Bedenken verbunden war. Immerhin berichtet Sokrates (am Schluß des platonischen *Phaidros*) über jenen Gott Teuth, der die Schrift als seine Erfindung dem König Thamus vorstellt und sie preist als Gedächtnishilfe für den Menschen. Thamus aber habe geantwortet, daß diese Erfindung die Menschen vergeßlich machen werde, weil sie ihr Gedächtnis nicht mehr üben. Statt sich zu erinnern, würden sie sich auf fremde Zeichen verlassen.

Eine Antwort, deren Aktualität unmittelbar einleuchtet im Zeitalter des an die Datenbanken delegierten Gedächtnisses. Für die seit mehr als 500 Jahren anhaltende Evolution der »Galaxis Gutenberg« als Gedächtnis-Kosmos der Existenzdeutung des Menschen beginnt jedenfalls ein noch ungewisses neues Zeitalter. Aber schon die zurückliegende Ära der Druckkultur war reich an Gedächtnisverlusten. Sie reichen vom Brand der Bibliothek von Alexandria (ca. 50 Jahre vor Christi Geburt) bis zum Brand der Bibliothek von Sarajewo im Jahr 1992. Die Bücherverbrennung von 1933 aber sollte jedenfalls bewußt mehr sein als ein weiteres Datum in der Verlust-Geschichte dieses Speichermediums des Menschheitsgedächtnisses. Wolfgang Frühwald hat in diesem Zusammenhang darauf hingewiesen, daß dieses Autodafé des Gedächtnisses vor allem auch dem von Heinrich Heine in der Torah entdeckten »portativen Vaterland«, also der anamnetischen Kultur der in der Diaspora zerstreuten Juden, gegolten habe: »Das Autodafé verdeutlicht den panischen Schrecken, der al-

lein von der Existenz eines im Geistigen lokalisierten Konti-
nents der Erinnerung und des Gedächtnisses auf die sprach-
und kulturlose Barbarei ausgegangen ist.«[14]

4. Kapitel

Es gilt das gebrochene Wort:
Gesellschaft ohne Gedächtnis

Das Ziel nationalsozialistischer Erziehung war es jedenfalls, überhaupt das Gedächtnis auszulöschen, »die Erinnerung an Humanität zu tilgen und damit auf einer ›tabula rasa‹ den neuen Menschen zu schaffen«. Man wollte den »funktionierenden« Menschen, den »gedächtnis- und bedenkenlosen Parteisoldaten oder wenigstens den periodisch durchgeprügelten und damit in seiner Selbstachtung gebrochenen Untertan, ... die um das eigene Leben unbekümmerte Kampfmaschine«[1].

In diesem Zusammenhang hat Frühwald auch an Thomas Manns Essay *Bruder Hitler* (1939) erinnert. Thomas Mann habe hier den Verdacht geäußert, daß die »Wut«, mit der Hitler den Marsch auf Wien betrieb, »im Grunde dem alten Analytiker [Sigmund Freud], der dort seinen Sitz hatte, seinem wahren und einzigen Feinde, gegolten habe«[2]. Thomas Mann habe diese Feindschaft umschrieben mit dem Hinweis, daß Freud, der »Entlarver der Neurose«, der »große Ernüchterer«, der »Bescheidwisser und Bescheidgeber selbst über das Genie« gewesen sei. Qualitäten also, die nicht denkbar sind ohne jene Fähigkeit, die Freud an sich selber festgestellt hat, nämlich »außergewöhnliche Gedächtnisleistungen«[3]. Ja, die psychoanalytische Praxis steht und fällt letztlich mit dem Gedächtnis. Weder der Patient noch der Analytiker ist in der psychoanalytischen Praxis denkbar ohne Rekurs auf das Gedächtnis.

Hitlers Marsch auf Wien also als eine Fortsetzung des Faustischen Vergangenheitshasses? Und das Dritte Reich als der

gigantische Versuch des Vergessens im Sinne einer Freudschen »Fehlleistung«? Immerhin kulminiert der Nationalsozialismus in dem Versuch, unter anderem die Namen der Attentäter des 20. Juli radikal ins Vergessen zu stürzen im Sinne
jener antiken »damnatio memoriae«, mit der man im Römischen Recht das Verbot des Erinnerns an eine Person als eine
die Todesstrafe noch übersteigende Sanktion betrachtet hat.
In diesem Sinne hat Himmler am 21. Juli 1944 die Leichen der
Attentäter Stauffenberg, Beck, Mertz, Olbricht und Haeften
ausgraben, verbrennen und die Asche über Felder streuen lassen. Und in einer Rede vor Gauleitern am 31. August drohte
er mit der Auslöschung der Familie Graf Stauffenbergs bis ins
letzte Glied. Von Karl Valentin wird in diesem Kontext der
tollkühne Sarkasmus berichtet, daß er während der NS-Zeit
beim Verlassen des Saales die zum Hitlergruß bereits erho-
bene Hand wieder fallengelassen haben soll mit der Bemer-
kung: »Ich kann mir den Namen nicht merken!«

Versteht man die Bücherverbrennung im Jahr 1933 als den
Versuch einer »damnatio memoriae«, so war dieses Autodafé
mehr als nur die Vernichtung der Schrift als wichtigste Materialisierung des Gedächtnisses. Es war ein gewaltsamer Ver-
drängungsprozeß, dessen detaillierte Analyse noch aussteht.
Und zwar im Sinne der von C. G. Jung getroffenen Unterscheidung von personalem und kollektivem Unbewußten. Eine
Analyse, die auch die Fernwirkungen dieses Verdrängungs-
prozesses im 20. und 21. Jahrhundert einbeziehen müßte. Wobei auszugehen wäre von der Freudschen Überlegung, daß das
sogenannte »Unbewußte« letztlich identisch ist mit dem Vergessen eines vorher Bewußten, und daß dieses Vorher-Be-
wußte nicht etwa untergeht, sondern latent präsent bleibt.

Das heißt, in der menschlichen Psyche gehen die verdrängten Memorabilien in Wahrheit nicht verloren. Wenn auch die Bücher-Barbaren des Jahres 1933 noch nichts wußten von dieser narzißtischen Kränkung, die Freud dem naiven Glauben an eine »ars oblivionalis«, an eine Kunst des Vergessens, bereitet hatte. Mit Freud hatte jedenfalls, wie es Weinrich formuliert, »das Vergessen seine Unschuld verloren. Von nun an muß einer, der etwas vergessen hat oder etwas vergessen will, sich rechtfertigen und auf eine – möglicherweise peinliche – Warum-Frage gefaßt sein . . .«.[4]

Eine Analyse der Verdrängungsprozesse müßte aber auch jenen »Unlustmotiven« nachspüren, die Freud als das universale Motiv hinter allen Reflexen des Vergessens und Verdrängens vermutet hat. Die unbequeme Frage sollte daher – im Sinne Freuds – konkret lauten: Welche »Unlustmotive« waren wirksam und wirken möglicherweise fort in den postmodernen öffentlichen und privaten Mechanismen des Vergessens und Verdrängens? Und schließlich: Welche Mechanismen wurden wirksam bei der Entstehung einer modernen gedächtnislosen Gesellschaft; einer Gesellschaft mit einem »von Mund zu Mund«- und Tag zu Tag-Gedächtnis als Voraussetzung für politische Systeme, in denen letztlich das gebrochene Wort gilt, weil man sich problemlos auf das gegen Null tendierende Kurzzeitgedächtnis der Gesellschaft verlassen kann? Ist dieses Kurzzeitgedächtnis letztlich die Ursache für jenes Phänomen, das Weinrich als »verordnetes« Erinnern definiert hat?[5] Vermutlich ist dieses »verordnete« Erinnern die moderne Variante dessen, was Nietzsche in seiner Schrift *Zur Genealogie der Moral* gemeint hat mit dem Satz: »Man brennt etwas ein, damit es im Gedächtnis bleibt.«[6]

Andererseits bietet sich als Entlastung des »verordneten« und »verbotenen« Vergessens zunehmend eine Lösung an, auf die Michael Jeismann hingewiesen hat: die Europäisierung des nationalen Gedächtnisses. Jeismann hat diesen Prozeß anhand neuerer Filme zu Themen des Zweiten Weltkriegs analysiert mit den Worten: »Während die Film- und Fernsehindustrie also die Kulissen und Inhalte unserer historischen Vorstellungswelt verschiebt, ereignet sich unterhalb dieses Spektakels ein ungeheuer aufregender Vorgang, der all diese Bilder einfangen und in etwas umschaffen wird, was selbst geschichtsträchtig ist: Ein neues Subjekt für all diese Erinnerungen, einen Erinnerungsträger, dem die Erinnerung keine Last, sondern Notwendigkeit ist. Vielfach nämlich wird übersehen, daß die Erinnerung an den Zweiten Weltkrieg bis heute geprägt ist durch eine merkwürdige Subjektlosigkeit. In Deutschland trat das zunächst wegen der Teilung am deutlichsten in Erscheinung, aber diese Erinnerung, die nirgends haftete und der man Häuser wie Starenkästen baute, kennzeichnete in den vergangenen Jahrzehnten alle europäischen Staaten nicht weniger als Israel und die jüdische Erinnerung. Die Nationen vermögen die Erinnerung weder allein mehr zu tragen, noch ist sie – als rein nationale Kriegs- und Verbrecherserinnerung – politisch einsetzbar. So spricht vieles dafür, daß die Erinnerung an den Zweiten Weltkrieg nur dann eine wirklich politische ist, wenn sie europäisch wird. Denn eine Erinnerung ohne zukunftsträchtigen Träger gibt es nicht. Die filmische Vergegenwärtigung des Attentats auf Hitler zeigt bei allen Versuchen, historisch getreu zu arbeiten, daß diese ganze Vergangenheit erst ihrer Historizität entkleidet, dann universalisiert und schließlich irgendwann europäisiert wird.«[7]

Aber ist diese Vergangenheit bewältigt, indem sie europäisiert wird? Ist sie überhaupt zu bewältigen? Für die Ver-

gangenheit des Dritten Reiches und den Versuch einer »damnatio memoriae« gilt möglicherweise das, was in den Lehrbüchern der Gedächtniskunst als »imagines agentes«, als »wirkmächtige Gedächtnisbilder« bezeichnet wird. Es sind jene Bilder, die sich selber und dauerhaft in das Gedächtnis einbrennen. Weinrich hat an Dante erinnert als den genialen Meister dieser Bildkunst: »In der Hölle begegnete er . . . dem Troubadour Bertrand de Born, der als ewige Strafe seinen abgetrennten Kopf in der Hand trägt und ihn am Schopf wie eine Laterne vor sich schwenkt. . . . Wirkbilder dieser Art, zumal wenn sie lebensgeschichtlich relevant sind, lassen sich auch durch die stärkste Unlust und Verdrängung nicht ganz aus der Psyche vertreiben und ›wirken‹ eben weiter, und zwar, weil vom Ich oder Über-Ich nicht zugelassen, pathogen.«[8]

Ob allerdings die Gedächtnisbilder des Zweiten Weltkriegs wirklich dauerhaft wirkmächtig sind, scheint neuerdings ausgerechnet dort wieder fragwürdig zu werden, wo der Versuch einer Europäisierung und Globalisierung des Gedächtnisses offiziell auf der Tagesordnung stand. Gemeint ist die internationale Holocaust-Konferenz vom Januar 2000 in Stockholm unter Beteiligung von fünfzig Staaten. Ein Ereignis, das voreilig gefeiert wurde als die offizielle Bekräftigung einer Entwicklung, die im Sinne einer Gedächtnis-Wahrung von intellektuellen Eliten Europas seit Jahren gefordert und gefördert worden war. Erinnert sei in diesem Zusammenhang daran, daß es inzwischen sogar zwei Holocaust-Gedächtnisstätten in Japan gibt: In Fukuyama bei Hiroshima und in Tokyo. Und über den Genozid an den Juden wird in einer Universität in Shanghai gelehrt. Vor allem aber in Europa zeichnet sich zunehmend eine Tendenz zur Gedächtnispflicht, zum verordne-

ten und affirmativen Erinnern ab. Immerhin beschlossen bereits im Oktober 2000 in Krakau die Minister für Bildung und Erziehung von 48 europäischen Staaten die Einführung eines Gedenktages an den Holocaust in den Schulen. Wenige Monate später, im Januar 2001, wurden in Großbritannien, Frankreich und Italien nationale Holocaust-Gedenktage veranstaltet. Und der Generalsekretär des Europarats, Walter Schwimmer, hat im Hinblick auf die Ermordung von sechs Millionen Juden während des Nationalsozialismus von einer »Pflicht zur Erinnerung« gesprochen, die in das Bewußtsein »eingebrannt« werden müsse.

Ein Aufruf also zu pädagogisch-affirmativen Gedächtnisübungen vor dem Hintergrund eines Erinnerns an den Holocaust. Und dessen Interpretation als identitätsstiftendes Gründungsphänomen der Europäischen Union. Anhand von Beispielen aus den Niederlanden und der kürzlich in Brüssel von der EU (zusammen mit zwei jüdischen Organisationen) veranstalteten großen Konferenz wider den Antisemitismus hat Thomas Schmid auf ein weiteres Phänomen aufmerksam gemacht, das sich als bedrohlicher Beginn eines selektiven Verdrängens, als Modifikation des Holocaust-Gedächtnisses interpretieren ließe: »Der alte Antisemitismus, der in Europa ausgebrütet und gehegt worden war, hatte den Juden als Heimatlosen, als Wurzellosen, als Kosmopoliten zum Feindbild. Der neue Antisemitismus hat diese Haltung zwar insofern auch in sich aufgenommen, als er die Juden für allgegenwärtig (und doch nicht greifbar) hält; doch er richtet sich zusätzlich, ja hauptsächlich gegen Juden, die ihren Ort gefunden haben und an diesem Ort stark sind. Er richtet sich gegen den Staat Israel. Mit der unausweichlichen Historisierung des Nationalsozialismus, gegen die sich die liberale Intelligenz so

lange gewehrt hat, könnte in europäischen Augen das Existenzrecht Israels an Selbstverständlichkeit verlieren. Mehr auf Schuldbewußtsein als auf Freude über das erfolgreiche Experiment Israel gegründet, steht das Bekenntnis zum jüdischen Staat auf schwachen Beinen.«[9]

Auf schwachen Beinen aber steht vor allem eine Gedächtniskultur Europas, der im Zuge des europäischen Einigungsprozesses offenbar zunehmend der Träger von Gedächtnis und Erinnern abhanden zu kommen droht: das Subjekt. Gründe hierfür vermutet Konrad Adam unter anderem in der Tatsache, daß beim Aufbruch nach Europa die Wirtschaft vorn liege vor der Politik »und ganz weit hinten, ziemlich abgeschlagen, folgt der Bürger . . . Die Ökonomie braucht und will und kennt den Bürger nur als Kunden . . . Das technokratische Europa spricht kein Gefühl an, ruft nichts wach, macht nichts lebendig.«[10] Dabei hat die Desavouierung des bürgerlichen Gedächtnisses bereits früh begonnen in den sechziger Jahren des vorigen Jahrhunderts. Denn die in Deutschland nach 1966 entstandene, locker organisierte Aktionsgemeinschaft der außerparlamentarischen Aktion (APO) vor allem von Studenten und Jugendlichen verstand sich durchaus nicht nur als antiautoritäre Bewegung. Ihr Protest gegen den Muff von tausend Jahren unter den Talaren richtete sich auch gezielt gegen die Träger jener Restbestände bildungsbürgerlicher Gedächtniskultur, die sich nach Ansicht der APO der Durchsetzung politischer und gesellschaftlicher Reformen und Veränderungen widersetzten und die Barbarei des Dritten Reiches mitzuverantworten hatten. Wobei übersehen wurde, daß der Aufstand des 20. Juli – wie im Falle Stauffenbergs mit seinem vom George-Kreis beeinflußten Kultur-Gedächtnis – gar nicht denkbar gewesen wäre ohne diese

45

bildungsbürgerliche Gedächtniskultur. Die Spätfolgen des Vergangenheitshasses der APO gegenüber dem bildungsbürgerlichen Gedächtnis lassen sich verfolgen bis hin zur periodisch ausgerufenen »Bildungskatastrophe«, und sind noch wirksam in den Verwahrlosungen der Sprache, in den Eliteverlusten und den Ergebnissen der PISA-Studie. Und es ist kein Zufall, daß in bildungspolitischen Debatten von Bildung im Sinne einer Teilhabe am Gedächtnis der Menschheit und einer hieraus resultierenden Urteilskraft gar nicht mehr die Rede ist. Denn die lehrplanmäßige Delegation des Gedächtnisses an den PC und die Datenbank erfolgt bewußt mit dem Ziel, »Ballast« der Erinnerung abzuwerfen im Interesse einer beschleunigten Gewinnung von Zukunfts-Kompetenz.

Jede Forderung nach Rückbesinnung auf eine Kultur des Memorierens und Erinnerns diskreditiert sich vor diesem Hintergrund als reaktionär. Botho Strauß hat dies kommentiert mit dem Satz: »Der Reaktionär ist der letzte Phantast in einer nahezu kompletten Fantasy-Welt.« Und der »Ruf nach Rückbesinnung« erscheine daher schon deshalb als »hilflos und lächerlich, weil Rückbesinnung selbst bereits zu den aufgegebenen Tugenden zählt«[11]. Was mit diesen »aufgegebenen Tugenden« gemeint ist, erläutert Strauß an einem modernen Beispiel der Liquidierung »tiefreichender Erinnerungsräume«: »Eine brutalere Zerstörung der Landschaft, als sie mit Windkrafträdern zu spicken und zu verriegeln, hat zuvor keine Phase der Industrialisierung verursacht. Es ist die Auslöschung aller Dichter-Blicke der deutschen Literatur von Hölderlin bis Bobrowski. Eine schonungslose Ausbeute der Natur läßt sich kaum denken, sie vernichtet nicht nur Lebens-, sondern auch tiefreichende Erinnerungsräume. Dem geht allerdings voraus, daß für die kulturelle Landschaft allgemein

46

kaum noch ein Empfinden lebendig ist. So verbindet sich das sinnliche Barbarentum der Energieökologen dem des Massentourismus.«[12]

Erinnerung, Zeit und poetisches Gedächtnis erscheinen vor diesem Hintergrund als die zu liquidierenden irrationalen Restbestände einer rein funktional operierenden Wirtschafts- und Betriebswirtschaftslehre und der Progreß-Idolatrie der Naturwissenschaften. Gleichwohl erblickt Durs Grünbein Möglichkeiten einer Rettung des poetischen Gedächtnisses im Wege einer Evolution zur »intelligiblen« Dichtung, zu einer Dichtung, »die den Spieltrieb ein für allemal an die Leine der Reflexion« legt. Mit dem Ergebnis: »Die Dichtung der Zukunft sei grundsätzlich intelligibel, oder sie werde gar nicht mehr sein. . . . Es seien die Naturwissenschaften, die ignoriert hätten, daß auch Poesie unters Energieerhaltungsgesetz falle . . .«[13] Grünbein deutet an anderer Stelle an, daß dieses »Ignorieren« der Naturwissenschaften eines Tages auch das Vergessen von Geburt und Zeugung des Menschen einschließen und schließlich die Erinnerung an den tradierten Phänotyp des Menschen auslöschen könnte: »Weil aus dem Uterus das Naturgesetz folgt, alles Leben als Geborenes definiert ist und mit ihm Familie und Gesellschaft, wird die Gefahr einer künstlichen Schöpfung buchstäblich namenlos sein. Wir wissen ganz einfach nicht, was uns erwartet. Einmal der Natur ins Handwerk gepfuscht, nie wiedergutzumachen. Einmal enteignet, wächst sie uns über den Kopf. So wird Genetik zum Motor der Anomie. Als zoologisches Geschöpf kann der Mensch nur überleben, indem er sich immer neu definiert und nach dem letzten Evolutionsstandard aktualisiert, wie es die Anthropologie lehrt. Sobald er aufhört, sich zu verändern, ist er zum Aussterben verurteilt. . . . Die Be-

47

schleunigung, mit der er die Schöpfung in seine Geschichte hineinreißt, erfaßt ihn am Ende selbst als Drohung baldiger Ausrottung. . . . Keine Frage, auch nach dem Aussterben des Menschen wird es noch menschenähnliche Wesen geben. Nur wird keiner von denen, die dann entfernte Planeten besiedeln, je mehr verstehen, worum unseresgleichen damals geweint hat hier. Eine der Lehren aus der Evolution, vielleicht die bitterste, ist ja: es gibt kein Organ für die absoluten Verluste.«[14]

Der rückläufigen Entwicklung des Organs für Gedächtnisverluste der Naturwissenschaften hat Weinrich in seinem Lethe-Buch abschließend ein eigenes Kapitel gewidmet, ein Kapitel zur Vergessenskunst, zum Oblivionismus der Wissenschaft. In der Abkehr vom Memorialismus der älteren Wissenschaft sei das »kulturelle Gedächtnis in Europa Schritt um Schritt von der moralistischen und aufgeklärten Gedächtniskritik eingeholt und schließlich überholt worden, wobei es Zug um Zug auch an wissenschaftlichem Prestige einbüßt«[15].

Vor allem die fortschrittsorientierte Erfolgsgeschichte der Naturwissenschaften erweist sich hierbei als dominanter Schrittmacher dieses eingeholten und überholten kulturellen Gedächtnisses. Der Oxforder Kulturphilosoph George Steiner hat dieses Phänomen erklärt mit dem Hinweis, daß der prozeßhafte Fortschritt der modernen Naturwissenschaft ozeanisch und träge sei. Er sei deshalb nicht aufzuhalten. Vor allem aber begrabe er unter den Wogen des Fortschritts die Erinnerung und das Gedächtnis. Es leuchtet ein, daß gegenüber diesem erinnerungslosen Fortschritt die Geisteswissenschaften als widerständige Repräsentanten des kollektiven Gedächtnisses mit anthropozentrischer Orientierung zunehmend an Boden verlieren, da sie ihren immer schwieriger werdenden Auftrag immer weniger erfüllen können. Ihr Auftrag, das Ganze im Sinne der Humanität zu beschreiben und zu erinnern, differiert jedenfalls eklatant gegenüber den akzelerierenden Spezialisierungstendenzen der Naturwissenschaften.

Hinzu kommt, daß dieser Antagonismus von erinnernd-verbindender und vergessend-trennender Arbeitsweise der beiden Wissenschaftskulturen verschärft wird durch den notwendigen Reflex selektiven Vergessens gegenüber der gigantisch wachsenden und sich beschleunigenden Flutwelle eines Überangebots an Daten und Informationen. Es ist ein Abwehrreflex, der sich verbunden hat mit der schwierigen Kunst der Informationsabweisung, die bei Licht besehen eine Kunst des Vergessens ist. Und es ist diese Kunst der »vernunftgesteuerten Informationsabwehr«, die Weinrich denn auch als den eigentlichen »Oblivionismus der Wissenschaft« bezeichnet.[16] Er läßt diese Vergessenstechnik vor allem anhand von vier Verhaltensregeln selektiven naturwissenschaftlichen Forschens transparent werden. Es ist ein desillusionierendes Verfahren, dessen Bedeutung und Folgen für Qualität und Wahrheit wissenschaftlichen Forschens bislang kaum beachtet und analysiert worden sind:

1. »Was in einer anderen als der englischen Sprache publiziert ist – forget it.

2. Was in einer anderen Textsorte als der eines Zeitschriftenaufsatzes publiziert ist – forget it.

3. Was nicht in einer der angesehenen Zeitschriften X, Y, Z publiziert ist – forget it.

4. Was vor mehr als ca. fünf Jahren publiziert ist – forget it.«[17]

Diesen vier Regeln des »wissenschaftlichen Oblivionismus« hat Weinrich noch eine fünfte Regel mit alternativen Varianten zum Hauptstrom (mainstream) der Forschung hinzugefügt: Die erste Variante besagt: »Folge dem Hauptstrom der Forschung, alles andere kannst Du vergessen.« Die zweite Variante lautet: »Den Hauptstrom der Forschung, dem alle folgen, kannst Du vergessen.« Wobei Weinrich den abgründigen Verdacht äußert, daß der Hauptstrom der Wissenschaft vielleicht nichts anderes sei als ein Nebenfluß des großen, alles Erinnern auslöschenden Lethe-Stromes.[18]

Daß gegenüber dieser naturwissenschaftlichen Vergessenstechnik die der anamnetischen Kultur traditionell verpflichteten Geistes- und Sozialwissenschaften schlecht gerüstet sind für den Weg in die Zukunfts-Urwälder mit ständig wachsenden Datenströmen und Überinformationen, ist evident. Ein Dilemma, das sich erst recht verschärfen würde, wenn diese Disziplinen eines Tages das Vergessen selber zum zentralen Thema der Forschung erklären würden. Weinrich empfiehlt vorsorglich: »Diese Disziplinen müssen daher immer für Unerwartetes gerüstet sein und können es sich nicht leisten, so hilfreich das auch wäre, mit kleinem Gedächtnisgepäck zu marschieren und entsprechend leichtfüßig zu operieren. . . . Sie müssen daher, jedoch ohne in den Memorialismus der alten Wissenschaft zurückzufallen, weiterhin mit dem Gedächtnis paktieren.«[19]

Frühwald hat unter anderem im Hinblick auf den Irak-Krieg darauf aufmerksam gemacht, daß sich das Gedächtnisgepäck der Geisteswissenschaften ohnehin schon rein physisch rapide verringert.[20] Wenn für das moderne historische Gedächtnis die kalifornische Redensart gilt »history is five days old«, so ist es zumindest während des letzten Irak-Kriegs gelungen, innerhalb noch kürzerer Zeiträume das Gedächtnis von Jahrtausenden auszulöschen. Das Ergebnis dieser beschleunigten kulturellen Amnesie hat Robert Fisk, der Korrespondent von *The Independent*, im April 2003 mit den Worten beschrieben: ».. . für den Irak ist es das Jahr Null; mit der Zerstörung der Antiken im Irak-Museum und dem Niederbrennen der nationalen Archive und danach der Koran-Bibliothek ist die kulturelle Identität des Irak ausradiert worden. Warum? Wer hat diese Feuer gelegt? Zu welch geisteskrankem Zweck wird dieses Erbe zerstört?«[21]

Hinzu kommt die physische Erleichterung des Gedächtnisgepäcks weltweit durch die zum Massenphänomen avancierte Suche nach antiken, prähistorischen und historischen Funden: »Wenn Legionen organisierter Sondengänger und Hobbytaucher, gut vernetzt im Internet, wo über die ertragreichsten Fundorte berichtet wird, ohne jedes Unrechtsbewußtsein die Böden jetzt auch der Wälder, der Seen und Meere plündern, ist der Ruf nach Überwachung und Verboten vermutlich ein Ruf in der Wüste. Es scheint der Archäologie derzeit zu ergehen wie der Fischerei, wo die moderne Technik die Meeresböden so gründlich ausgeräumt hat, daß neue Fischgenerationen kaum noch nachwachsen können. Vermutlich wird es in der Wissenschaft und der Museumspolitik nicht darum gehen können, weltweite Verbote zu erreichen. Die alleinige Federführung für diesen Problembereich durch die Justizministerien ist nämlich bereits ein Teil des Problems. Es müßte kulturelles Bewußtsein, kulturelles Gedächtnis gebildet werden, um den Antikenraub, die Degradierung der Kultur zur bloßen Ware an der Wurzel zu bekämpfen. Es geht vermutlich zunächst nur darum, wie sich die Museen und die Kulturwissenschaften davor schützen können, zu Komplizen eines unbedachten und eines sehr wohl überlegten Ausverkaufs des Weltkulturerbes zu werden.«[22]

Der wachsenden Gefahr eines Ausverkaufs des kulturellen Gedächtnisses im Weltmaßstab widmet sich immerhin bereits seit den siebziger Jahren des 20. Jahrhunderts die UNESCO, die Anfang 1982 in Mexiko einen erweiterten Kulturbegriff festgeschrieben hat. Und dies mit der Zielsetzung, auf diese Weise das gesamte Spektrum des über die verschiedenen Topographien der Erde reichenden Kulturerbes zur Erhaltung des kulturellen Gedächtnisses zu berücksichtigen. Wobei die UNESCO 1972 erstmalig auch ein Übereinkommen zum Schutz sowohl des Kultur- als auch des Naturerbes der Welt verabschiedete, um frühzeitig auf die Kohärenz von Natur und Kultur hinzuweisen.

Was hier die UNESCO erst seit den siebziger Jahren bewegt, hat freilich in der ersten Hälfte des 20. Jahrhunderts schon wesentlich eindringlicher, wenn auch mit anderer Akzentuierung, Claude Lévi-Strauss thematisiert. Werner Spies hat mit Blick auf das Vermächtnis dieses Ethnologen aufmerksam gemacht auf dessen schockierende Konfession der Zerbrechlichkeit des Menschen am Beispiel unwiederbringlicher Verluste des kulturellen Gedächtnisses in außereuropäischen Zonen. Er zitiert Lévi-Strauss, der unter anderem beim Durchqueren des brasilianischen Urwaldes 1935 und 1939 das Erodieren des Menschheits-Gedächtnisses wie kaum ein anderer als die eigentliche geistige Grundstimmung der Zeit erkundete, mit den Worten: »Denn ich, der ich vor Schatten seufze, bin ich nicht unzugänglich für das wahre Schauspiel, das in diesem Augenblick Gestalt annimmt, für dessen Beobachtung aber mein Grad an Menschlichkeit noch den erforderlichen Sinn vermissen läßt? In einigen Jahrhunderten wird ein anderer Reisender an dieser Stelle, ebenso entmutigt wie ich, das Verschwinden dessen beklagen, was ich hätte sehen können und was mir entgangen ist. Opfer einer zweifachen Schwäche, verletzt mich alles, was ich sehe, und ohne Unterlaß tadele ich mich, nicht genug zu sehen.«[23]

Was Lévi-Strauss hier außereuropäisch beklagte, hat, als Phänomen des erodierenden Gedächtnisses, inzwischen längst europäische Rückwirkungen: »Denn es ist die Erforschung des Geringfügigen, Labilen, Verlorenen, die Künstler wie Boltanski, Sophie Calle, Messager, Gerz [. . .] mit Betroffenheit für sich entdeckt haben. Gegen das Abtauchen in die anonyme Geschichte, gegen das Vergessen stehen bei ihnen, wie ein selbstverständliches, alles begleitendes Continuo, das Inventar und das der Ethnologie abgeschaute Bedürfnis, zu klassifizieren. Sie entdecken den Verlust, den Lévi-Strauss auf Reisen und beim Studium notierte, in ihrer eigenen, europäischen Umwelt. Diese scheint auf den sammelnden und distanzierenden Blick angewiesen zu sein. Im Umkreis dieser Verantwortung, die Lévi-Strauss für das Beobachtete und Beschriebene übernommen hat, finden sie, oft im scheinbar Trostlosen und Niedrigen, die ›legenda aurea‹ ihrer Zeit, einer Zeit, die die Vorstellung von Systemen und teleologischer Entwicklung von Geist und Kunst aufgegeben hat.«[24]

Lévi-Strauss' Bilanz der Verluste hatte auch schon Alexander von Humboldt während seiner wissenschaftlichen Forschungsreise in die lateinamerikanischen Tropen (1799-1804) dingfest gemacht. Er entdeckte jenes Zeit-Phänomen, dem in Europa der beschleunigte Fortschritt geschuldet ist: die ungeduldige Sorge- und Zukunfts-Orientierung des Bewußtseins. Humboldt, der schon die »unvorsichtige Hast« europäischer Siedler beim Roden des Urwalds beklagt hatte, erblickt sein eigenes europäisches Sorge-Bewußtsein plötzlich im Rückspiegel eines ganz anderen, längst verlorengegangenen Zeitbewußtseins. Während der Überfahrt von Kuba nach Cartagena (Kolumbien), zwischen der Mündung des Rio Simú und Cartagena, notiert er im März 1801 in sein Tagebuch: »Der Contrast zwischen der Hastigkeit, dem Mühlradwesen der Europäer und der Gleichmuth des Indianers war mir am auffallendsten in Llano de Barcellona bei Caris. Wir hatten nach einer langen Tagereise, von Sonne und Staub gequält, den Weg verloren. Der Indianer, der als Wegweiser diente, kündigte uns dies selbst an. Er setzte hinzu, wir würden 6 Meilen vergeblich gemacht haben und müßten unter freiem Himmel übernachten. Ich ward sehr ungeduldig, that dem Indianer (ein Caribe, der gut spanisch sprach) tausend Fragen über den verlorenen Weg, er antwortete kein Wort, sah starr auf einen Baum hin, und als ich ausgewüthet, zeigte er mir (eben als sei gar nichts vorgefallen) eine fette Iguana, die von Zweig zu Zweig schlüpfte. Was liegt dem Indianer daran, ob er hier in der Savanne oder 40 Meilen davon, heute oder in 3 Monathen in seiner Hütte schlafe. Er lebt außer Zeit und Raum, und wir Europäer scheinen ihm unerträglich, unruhige, von Dämonen geplagte Wesen.«[25]

Den im 19. Jahrhundert bereits weit fortgeschrittenen Gedächtnisverlusten dieser »von Dämonen geplagten Wesen« hat Humboldt denn auch versucht bewußt entgegenzuwirken. Sein bereits vom Scheitern bedrohtes, auf sechs Bände berechnetes *Kosmos*-Projekt ist in der Mitte des 19. Jahrhunderts nicht nur der letzte Versuch, noch einmal das gesamte Wissen seiner Zeit zu überblicken. Humboldt mustert hier letztmalig auch den immer weniger transparenten und rasant wachsenden Turm zu Babel der naturwissenschaftlichen Erkenntnisse mit einem Urteil, das in einer an Goethes gegenständlichem Denken orientierten Sprache geistes-wissenschaftlich weit zurückreicht in ein über Europa hinausgreifendes Gedächtnis. Schon 20 Jahre später wird dann Nietzsche diagnostizieren, daß dieses Gedächtnis Opfer des »politischen und nationalen Wahnsinns« wird. Goethes Warnung in Sachen eines erinnerungslosen europäischen Toleranz-Begriffs (»Toleranz sollte eigentlich nur eine vorübergehende Gesinnung sein, sie muß zur Anerkennung führen. Dulden heißt beleidigen.«[26]) hat Humboldt hierbei konsequent beherzigt. Denn er praktiziert im *Kosmos* nicht nur kulturhistorisches Erinnern. Der Leser wird dort zum Beispiel im Kapitel über die »Geschichte der physischen Weltanschauung« Sätze finden, die sich heute im Lichte des 11. September möglicherweise sogar eignen könnten für eine europäisch-islamische Dialogstrategie. »Die Araber, ein semitischer Urstamm, verscheuchen teilweise die Barbarei, welche das von Völkerstürmen erschütterte Europa bereits seit zwei Jahrhunderten bedeckt hat. Sie führen zurück zu den ewigen Quellen griechischer Philosophie; sie tragen nicht bloß dazu bei, die wissenschaftliche Kultur zu erhalten, sie erweitern sie und eröffnen der Naturforschung neue Wege.«[27]

5. Kapitel

Evolution und Gedächtnisverzicht

Humboldt ahnte freilich noch nicht, daß die »neuen Wege« der Naturforschung in die Beschleunigungsturbulenzen eines radikalen Modernisierungsprozesses mit unvorstellbaren Erinnerungsverlusten, Traditionsverschüttungen und Kontinuitätsbrüchen führen. Noch weniger konnte er ahnen, daß die zu seiner Zeit sich ankündigende rationalisierte Entzauberung der Natur sich verbinden würde mit einem Fortschrittsverständnis, dem die bürgerliche Gesellschaft Erinnerung und Gedächtnis opfern sollte zugunsten theorieloser Datenexplosionen der modernen »Life-sciences« und des Vergessens aller tradierten Wert- und Sinngebungen.

Daß inzwischen vor allem die modernen Lebenswissenschaften den auf Memorialtechnik gründenden humanen Diskurs im Sinne einer Wert- und Sinngebung überholt haben, ist nicht zuletzt das Ergebnis eines Triumphes des evolutionären Weltbildes über alle tradierten Normen menschlichen Handelns und Denkens. Mit dem Ergebnis, daß sich aus diesem Denken das Gedächtnis endgültig verabschiedet zugunsten einer Verehrung der Beliebigkeit: »Modernen Naturvorstellungen ist gemeinsam, daß sie die Unterschiede, um die es jeder, auch der einfachsten Kultur zu tun ist, nicht mehr kennen und nicht mehr anerkennen. Die vielfältigen, nach menschlichem Urteil höchst ungleichwertigen Verhaltensformen, die sich in der Natur herausgebildet haben, gelten dem Göttinger Zoologen Christian Vogel als gleichwertig, ›gleich adaptiv und daher in Kategorien wie moralisch oder amoralisch nicht quantifizierbar‹. Man muß das auf den Menschen übertragen, um eines der auffälligsten Kennzeichen der Zeit, ihre Unsicherheit in Fragen der Moral, auf Anhieb zu verstehen. Wo ein Verhalten als adaptiv, ›mit der Entwicklung‹, evolutionsbiologisch sinnvoll oder sonst wie gedeutet wird, hat das moralische Urteil zurückzutreten.«[1]

Das Zurücktreten des moralischen Urteils aber bedeutet immer auch das Zurücktreten des Gedächtnisses. Weinrich hat im Hinblick auf Nietzsches Überlegungen zur *Genealogie der Moral* darauf hingewiesen, daß die Moral eine »kommunikative Grundlage« hat, die ihrerseits auf Gedächtnis gründet: »Im Medium der Schulden kommunizieren mindestens zwei Personen miteinander, der Gläubiger und der Schuldner, und ihre Kommunikationsbasis ist das Gedächtnis … Wenn die Moral daher insgesamt aus dem Geistesstoff ist, aus dem die Schulden und die Schuld gemacht sind, dann ist sie ebenfalls von kommunikativer Natur und setzt bei allen Personen, die mit ihr zu tun haben, ein funktionsfähiges und funktionierendes Gedächtnis voraus. Daraus folgt weiterhin, daß für denjenigen, dem an der privaten und öffentlichen Moral gelegen ist, kein Weg an der Notwendigkeit vorbeiführt, das Vergessen in Schranken zu halten.«[2]

Da das moralische Urteil zurücktritt und das Gedächtnis sich verabschiedet zugunsten einer evolutionswissenschaftlich begründeten Beliebigkeit, entsteht zwangsläufig die Frage, wem letztlich im Reich der Beliebigkeit die Entscheidungskompetenz in Fragen des Fortschritts und der Zukunft zuerkannt wird. Denn wenn schon das Gedächtnis alle Brücken nach rückwärts abgebrochen hat, so muß doch gleichwohl auf irgendein Kriterium zurückgegriffen werden, nach welchem über den einzigen noch zugelassenen Zeitaspekt entschieden werden soll: die Zukunft. »Wenn es trotz solcher

Vorläufigkeiten und Beliebigkeiten weitergehen soll, muß irgend jemand die Entscheidung treffen. Die Frage, auf die jeder Kompetenzstreit am Ende hinausläuft, stellt sich auch hier: ›Quis indicabit?‹ Wer spricht das Urteil? Und die Naturwissenschaftler zögern nicht zu sagen: Wir! Francis Crick, der für seine Untersuchungen über die Struktur der Erbsubstanz zusammen mit James Watson den Nobelpreis erhielt, hat das mit der Unbefangenheit eines großen und verwöhnten Kindes getan. Allerdings blieb er noch im Rahmen des Hergebrachten, als er vorschlug, Menschen ›mit uns erwünschten Eigenschaften‹ dazu anzustiften, sich möglichst zahlreich zu vermehren. Die meisten seiner Fachkollegen haben die natürlich vorgegebenen Bahnen längst verlassen und setzen konsequent auf den technischen Eingriff. Schon Hermann Muller wollte, eine Generation vor Crick, jeder Frau, die das ebenfalls wollte, zu dem Glück verhelfen, Nachkommen von Lenin oder Darwin auszutragen: was ohne Genmanipulation oder künstliche Befruchtung nicht möglich gewesen wäre.«[3]

Das mit dem evolutionären Naturverständnis verloren gegangene Sinn-Gedächtnis hinterläßt allerdings den Verdacht, daß die nun eröffnete Grenzenlosigkeit eine unerwartete Grenze im Menschen selber finden könnte: »Wo es keine Grenzen mehr gebe, werde das Leben unerträglich, hat Daniel Bell einmal denen entgegengehalten, die dem Traum von der grenzenlos offenen Entwicklung zur restlos offenen Gesellschaft nachhingen. Für das, was dabei verloren geht, kann sich die Wissenschaft ja nur noch selbst als Ersatz anbieten. Sie wird dann Glaubenssache, die Verehrung fordert, nicht bloß Wissen. Strenge Vertreter der Evolutionslehre haben das gesehen und die Konsequenz, eine Verflechtung wissenschaftlicher Erkenntnis mit religiösem Denken, ausdrücklich verteidigt. Der Evolutionsgedanke, schrieb der Freiburger Biologe Carsten Bresch schon vor längerer Zeit, könne ›an dieser Klippe kaum vorbeigesteuert werden‹. Er begründet sein Manöver mit der Notwendigkeit, irgendwo Halt zu suchen: Gläubig, meint er, seien beide Seiten, die Wissenschaft und die Religion, ›nur der Inhalt des Glaubens ist verschieden‹.«[4]

Eine Argumentation, die unerwartet zurückverweist an die Religion, ausgerechnet an jenes Phänomen also, das einst in der alten Memorial-Kultur höchsten Stellenwert beansprucht hatte. Ein zumindest paradoxer Vorgang, da die Naturwissenschaften hier unverhofft an jene Quellen erinnern, aus denen sie ursprünglich ihre Urteile schöpften, um sie dann auf dem Weg in die Zukunft der Gedächtnislosigkeit zu verschütten: Religion, Sprache, Kultur und Moral – um nur einige Parameter der verschütteten Vergangenheit zu nennen.

Aber selbst ein wie auch immer gearteter Religionsersatz durch die Lebenswissenschaft würde auf Gedächtnis und Erinnerung verzichten können. Denn jedes Rückbesinnen muß letztlich resignieren angesichts der ausschließlichen Zukunftsorientierung der Naturwissenschaften und deren (durch Francis Bacon begründete) Fortschrittsphilosophie als Katechismus der Neuzeit. Dennoch hat erst das lebenswissenschaftliche Evolutionsmodell jede Berufung auf gedächtnis-generierte Korrektive und Maßstäbe zur Lenkung einer übermächtigen Fortschrittsbewegung endgültig obsolet werden lassen. Hannah Arendt hat diesen Sachverhalt beschrieben mit den Worten: »Nicht fortschreitend, sondern fortgerissen in eine unabsehbare und endlose Zukunft, von der ein dem Prozeß übergeordneter Sinn nicht mehr zu erwarten steht, in dem vielmehr alle Ziele und Zwecke unaufhaltsam überspült werden.«[5]

Ein Ohnmachtsgefühl also gegenüber einer Bewegung, die weder Grenzen noch Ziele noch Programme kennt, mit dem Ergebnis einer Zweiteilung menschlicher Reaktionen. Die (noch) Memorierenden begleiten die Bewegung mit Pessimismus, Skepsis, Resignation oder mit Furcht. Die nicht (mehr) Memorierenden begleiten sie mit Optimismus und euphorischen Erwartungen. Wobei sich die Optimisten auf die abgründig ironische Notiz Nietzsches (*Aus dem Nachlaß 1869-1874*) berufen könnten: »Der Pessimismus ist unpraktisch und ohne Möglichkeit der Konsequenz! Das Nichtsein kann nicht Ziel sein. Der Pessimismus ist nur im Reiche der Begriffe möglich. Es ist nur erträglich zu existieren mit dem Glauben an die Notwendigkeit des Weltprozesses. Dies ist die große Illusion: Der Wille hält uns am Dasein fest und wendet jede Überzeugung hin zu einer Ansicht, die das Dasein ermöglicht.«[6]

Die (noch) Memorierenden aber, deren erinnerte Orientierungen sinnlos geworden sind, generieren jene große Angst, »la grande peur«, die bereits der Leitbegriff war für die Zerfallsprozesse der bürgerlichen Gesellschaften vor dem Ersten Weltkrieg. Und das Gefühl, daß der erinnerte Boden nicht mehr trägt, wird denn auch als Angst-Reflex inzwischen festgehalten in der »Phobia«-Liste des Fred Culbertson mit über 400 Einträgen und täglich neu hinzukommenden Ängsten, die Culbertson vor allem der therapeutisch-wissenschaftlichen Literatur entnimmt. Frank Schirrmacher hat dieses Phänomen einer angstbesetzten Irrationalität im Zeichen gedächtnisloser Orientierungsverluste kommentiert mit Hinweis auf Ernst Jünger: »Wir aber«, so Ernst Jünger vor mehr als 70 Jahren, »stehen mitten im Experiment. Wir treiben Dinge, die durch keine Erfahrung begründet sind. Nur um Erfahrungen zu begründen und um sie überhaupt weitergeben zu können, benennt man sie. Derjenige, der als erster den Schnee bestimmen und benennen konnte, der Lawinen auslöst, oder derjenige, der das trügerische Eis beim Namen nannte, das einen nicht mehr trägt, begründete solche Erfahrungen in einer erfahrungslosen Welt. Was wir als Tradition weitergeben wollen, so scheint es, ist merkwürdigerweise unsere Erfahrung mit der Angst.«[7]

Zur Weitergabe der Angst-Tradition aber gehört als Grunderfahrung auch das Bewußtsein rapide wachsender Gedächtnisverluste bei der Definition des Menschen und seiner Würde. Es sind Erosionserscheinungen des Gedächtnisses, die inzwischen auch die verfassungsrechtlichen Grundlagen der Gesellschaft erfaßt haben.

Transparent wird dies in der neuen Bearbeitung der Kommentierung des Grundgesetzes zu Artikel 1, Absatz 1, also der Menschenwürde-Garantie. Ernst-Wolfgang Böckenförde hat das (noch durch Rückbesinnung auf die Barbarei des Dritten Reiches bestimmte) Menschenwürde-Gedächtnis der Väter des Grundgesetzes verglichen mit der neuen zukunftsorientierten Interpretation der Menschenwürde.

Hierbei hat er die Gedächtnisverluste dieser Interpretation ausführlich umschrieben mit den Worten: »Über seine eigene Relativierung führt er [der Würdeschutz des Menschen] notwendig auch zur Relativierung der Unabdingbarkeit der Menschenwürde selbst, wiewohl der Anschein erweckt wird, diese bestünde fort. Die Rechtfertigung erfolgt durch eine Rückbeziehung auf den schon erwähnten Schlüsselsatz, die indes nicht mehr als eine petitio principii darstellt: ›Wenn sich der Würdeanspruch seinem Umfang nach überhaupt nach den konkreten Umständen richten darf, muß dies in besonderer Weise für die Entwicklungsstufen menschlichen Lebens gelten.‹ Letztlich geht es um den Freiraum für die Gewährung und den Abbau von Würdeschutz nach Angemessenheitsvorstellungen des Interpreten. .... Auch bei den Ausprägungen der Menschenwürdegarantie, die näher behandelt werden, zeigt sich eine gleitende Skala und die fehlende Erkennbarkeit eines festen Bodens. Neben die geläufigen und anerkannten Fallbeispiele wie den Schutz der Persönlichkeitssphäre, Schutz vor Entwürdigung, Willensbeugung und ähnliche treten neuartige Positionen, die untereinander nicht immer kompatibel sind. Aus der Menschenwürde sei allgemein das Recht abzuleiten, in selbstverantwortlicher Entschließung dem eigenen Leben ein Ende zu setzen – was heißt, daß Artikel 1 Absatz 1 das Recht auf Selbstmord trägt. Für die Herstellung von Embryonen zum Zweck der Stammzellgewinnung wird einerseits die Annahme einer Würdeverletzung gestützt, zugleich aber ein solches Verletzungsurteil in seiner Evidenz mit Hinweis auf den rechtsvergleichenden Befund in Zweifel gezogen. Reproduktives Klonen erscheint als Würdeverletzung des geklonten Spenders, weil dieser gezielt genetisch dupliziert und seiner genetischen Identität beraubt werde, was auch nicht einwilligungsfähig sei. Therapeutisches Klonen stellt hingegen keine Würdeverletzung dar, weil der Würdeschutz sich nicht auf den hierfür in vitro erzeugten Embryo erstrecke. Ebensowenig wird bei Keimbahntherapie und positiver Eugenik ein Konflikt mit der Menschenwürde gesehen, desgleichen auch für die Präimplantationsdiagnostik nicht; sie wird in ihren verschiedenen Aspekten in einem kürzeren Absatz ziemlich kleingehäckselt.«[8]

Die hier von Böckenförde erkannte »gleitende Skala und die fehlende Erkennbarkeit eines festen Bodens« erklärt sich

anhand der zahlreichen Referenzen zu neuesten gentechno-
logischen Praktiken vor allem als rechtswissenschaftliche
Reverenz »ex post« gegenüber der erinnerungsneutralen Fortschrittswelt der Lebenswissenschaften. Es ist eine Reverenz,
die auf Gedächtnis und Erinnern verzichtet im Interesse einer
zukunftsoffenen Beliebigkeit mit dem Ergebnis: »Es ist der
Wechsel im Verständnis der Menschenwürdegarantie vom
tragenden Fundament der neu errichteten staatlichen Ord-
nung, das deren Identität ausweist, zu einer Verfassungsnorm
auf gleicher Ebene neben anderen, die rein staatsrechtlich, das
heißt aus sich heraus positivrechtlich zu interpretieren ist. Mit
diesem Wechsel wird der Rückgriff auf die geistigen und geschichtlichen Grundlagen dieses Begriffs, der vom Parlamen-
tarischen Rat bewußt als vorpositiv geprägter Begriff in die
Verfassung übernommen wurde, entbehrlich, verliert seine
Relevanz. Was aber bleibt dann vom Gehalt dieses Begriffs,
der ja kein originär juristischer, in Rechtstraditionen ausge-
formter Begriff ist?«[9]

Eine Frage, deren Beantwortung zunehmend schwieriger
werden dürfte. Denn den unaufhaltsamen weiteren gedächtnislosen Abschied von allen tradierten Vorstellungen der
Menschenwürde hat bereits vor wenigen Jahren Bill Joy mit
seinem (noch) als Science-fiction verkleideten Essay *Warum
die Zukunft uns nicht braucht* erläutert.[10] Gestützt auf die
von ihm genannten drei Säulen der Zukunft (Nanotechnolo-
gie, Gentechnologie und Computertechnologie) gelangt Joy
zur These eines quasi-menschlichen Entwicklungspotentials
der Computer, zur Evolution einer künstlichen und digital
gesteuerten globalen Intelligenz mit Folgen für die politischen
und sozialen Systeme, für die sich jeder Versuch einer Generierung von Orientierungs- und Beurteilungs-Kriterien durch

Rückgriff auf tradierte Gedächtnisinhalte vollends als sinnlos erweisen dürfte.

Hinzu kommt, daß der Abschied von allen bisherigen Vorstellungen der Menschenwürde ein zusätzliches Beschleunigungspotential durch neue Ergebnisse der Hirnforschung erhalten könnte. Denn renommierte Hirnforscher haben inzwischen die Frage nach der Natur des Menschen mit der These beantwortet, daß die fundamentalen tradierten Gedächtnisinhalte des menschlichen Selbstverständnisses nicht mehr aufrecht erhalten werden könnten: Freiheit und Verantwortung des Menschen erweisen sich nämlich im Lichte neuronaler Prozesse angeblich als Konstrukte sozialer Konventionen, als reine Einbildung. Denn jeder bewußte Gedanke habe ein unbewußtes, ihm um Millisekunden vorausgehendes »neuronales Korrelat«. Das Denken also als Ergebnis bestimmter Erregungsmuster der Nervenzellen, die ihrerseits menschliches Verhalten als determiniert erscheinen lassen.

Eine These, die zwar lebhaften geisteswissenschaftlichen, vor allem juristischen, verhaltens-psychologischen und philosophischen Widerspruch gefunden hat, aber gleichwohl der Forderung von Bill Joy entgegenzukommen scheint, nämlich der Notwendigkeit eines völlig neuen, von der Wissenschaft diktierten Gesellschaftsvertrages für das eröffnete Jahrhundert der neuen Technologien. Ein gedächtnisneutraler Gesellschaftsvertrag, der möglicherweise auch die Erinnerung an den menschlichen Körper eliminieren könnte. Wolfgang Frühwald hat jedenfalls in diesem Zusammenhang und im Hinblick auf neueste Entwicklungen der Plastination des menschlichen Körpers an Hans Jonas erinnert, der bereits in den 8oer Jahren des letzten Jahrhunderts die folgende Überlegung angestellt habe: »In jedem Fall ist die Idee, die menschliche Konstitution zu überarbeiten, oder ›unsere Nachkommen zu entwerfen‹, nicht mehr phantastisch; noch ist sie untersagt durch ein unverletzliches Tabu. Sollte es zu dieser Revolution kommen, sollte technologische Macht wirklich an den elementarsten Tasten zu basteln beginnen, auf denen das Leben für Generationen seine Melodie wird spielen müssen . . .: dann wird eine Besinnung auf das menschlich Wünschenswerte und darauf, was die Wahl bestimmen soll – kurz, eine Besinnung auf das ›Bild des Menschen‹ – gebieterischer und dringlicher als jede Besinnung, die je der Vernunft sterblicher Menschen zugemutet wurde.«[11]

Auf welche Weise sich die Besinnung, das heißt die Rückerinnerung an »das menschlich Wünschenswerte«, inzwischen verabschiedet hat, beschreibt Frühwald mit den Worten: »Der menschliche Körper wird als Körper ästhetisch zugerichtet, sein Leib vergessen, das Plastinat macht ihn zu einem Objekt der Neugierde, des ästhetischen Sehens, zu einem Exponat des anatomischen Museums. Insbesondere der Schubladenmann oder der auf vielen Plakaten abgebildete Mann, der in Siegerpose seine Haut über dem erhobenen rechten Arm (zu Markte) trägt, sowie das von Ulrich Fischer beschriebene Plastinat, bei dem alle Einzelbestandteile des menschlichen Körpers, auf Nylonfäden aufgehängt, zu einem Mobile figuriert waren, kennzeichnen die Auflösung des komplexen menschlichen Körpers, der als lebendiger Organismus immer mehr ist als die Summe seiner Teile, in eben diese seine Teile. Es geht nicht darum, die uns allen bekannten, aufklappbaren (und aufklärenden) Lexikonbilder des menschlichen Körpers nun am menschlichen Körper selbst vorzuführen, es geht um die durch die Plastination mögliche ästhetische Zurichtung des Körpers, in der die Erinnerung an den Leib (als Subjekt dieses Körpers) schwindet.«[12]

Sollte also auch die Erinnerung an den Leib eines Tages verloren gehen, dem Leib bliebe dann doch, wie Alexander Kluge vermutet, immer noch die Erinnerung an die Urmeere von 37° Wärme: »Die Rippe Adams war nämlich übergroße Sehnsucht, als es kälter wurde. Siebenunddreißig Grad in den warmen Wassern der Urmeere. Das konnten wir nicht vergessen, daran erinnerten wir uns in der Kälte, dieses Feuerchen entzündeten wir in unserem Inneren.«[13]

Dennoch bleibt fraglich, ob das Ende der Erinnerungskultur aller sich massiv häufenden Indizien zum Trotz tatsächlich als definitiv betrachtet werden kann. Odo Marquard hat jedenfalls alle »Jammerathleten und Kassandren vom Dienst« mit ihren antimodernistischen Klageliedern darauf aufmerksam gemacht, daß gleichwohl Grund zur Hoffnung bestünde.[14] Auch Marquard erinnert zunächst anhand repräsentativer Formen der Liquidierung von Gedächtnis und Erinnern an die »Kehrseite der modernen Innovationskultur«. Er beklagt durchaus die methodische Neutralisierung der Traditionswelt im Interesse von Naturwissenschaft und Technik, die nur so die gewachsenen Traditionswirklichkeiten global und beschleunigt durch »artifizielle Funktionswirklichkeiten« ersetzen können. Hinzu komme, daß diese fortschrittliche Neutralisierungswelt notwendig verbunden sei mit Welten des Vergessens und Wegwerfens. Denn im Lichte einer traditionsneutralen Fortschrittswelt reduzieren sich alle geistigen, kulturellen und sozialen Lebensformen der Vergangenheit – wie zum Beispiel Kunst, Religion, Philosophie, Familie, bürgerliche Gesellschaft, Nation und Staat – als obsolete Primitivformen und Hindernisse dieses globalen Progresses. Mit der naheliegenden Konsequenz der Eliminierung dieser Primitivformen und Hindernisse.[15]

Marquard beläßt es jedoch nicht bei dieser Negativ-Bilanz der anamnetischen Kultur. Er weist vielmehr darauf hin, daß dies offenbar nur die halbe Wahrheit sei, denn gleichsam hinter dem Rücken des gedächtnislosen Fortschritts habe sich eine Bewahrungs- und Erinnerungswelt entwickelt, nämlich die kompensatorische, kontinuitätsschützende Welt einer wissenschaftlichen, konservatorischen und musealen Erinnerungskultur. Eine Erinnerungskultur, die die verstoßenen und ausrangierten Memorabilien sammelt und verehrt. Ein Phänomen, das bereits in der zweiten Hälfte des 18. Jahrhunderts erkennbar wird, denn nach 1750 entsteht in der Folge der Aufklärung nicht nur der Begriff des Fortschritts. Gleichzeitig entstehen als kompensatorischer Reflex bereits die ersten Museen. Das heißt, es entsteht eine Erinnerungskultur, die dialektisch verfährt, indem sie das Vergessene als modern deklariert und das Weggeworfene als aufhebenswert. Die Eliminierungs- und Auslöschungsprozesse der Moderne generieren eine nachhinkende, aber in der Tendenz wachsende Kultur des Konservierens und institutionalisierten Memorierens, die sich weltweit manifestiert in Archiven, Heimat-, Gewerbe-, Völkerkunde-, Technik- und historischen Museen bis hin zum »Altersheim für Avantgarden, dem Museum für moderne Kunst«. So ruft denn der *Homo faber* den *Homo conservator* auf den Plan, und zur »modernen Wegwerfgesellschaft gehört – und zwar als notwendige Kompensation – die genuin moderne Ausbildung der Bewahrungs- und Erinnerungskultur«.[16]

Zur Bewahrungs- und Erinnerungskultur gehört auch der Teddybär für ganz junge Kinder als »transitional object« zur

Sicherung der Kontinuität. Das vertraute Spielzeug also als kompensatorisches Objekt des Erinnerns an eine Kultur der Langsamkeit in einer Welt rasanter Akzeleration. Mit dem Ergebnis: »Die moderne Erinnerungskultur, von den Geisteswissenschaften über den konservatorischen und ökologischen Sinn bis zum Museum, ist – je moderner, desto notwendiger – das funktionale Äquivalent des Teddybären für den erwachsenen modernen Menschen in seiner Welt der beschleunigten Fortschritte.«[17]

Karl Heinz Bohrer hat zumindest im Hinblick auf das Erinnern an die Zeit des Nationalsozialismus Hoffnungen dieser Art differenziert und relativiert. Er bescheinigt durchaus die Existenz einer bundesdeutschen Erinnerungskultur, wenn auch nur in Gestalt eines historischen »Nahverhältnisses«. Das heißt, es könne seit mehr als einem Jahrzehnt nicht mehr die Rede sein von einer Verdrängung der Geschichte des Nationalsozialismus. Im Gegenteil, die Intensität der geschichtswissenschaftlichen und politisch-intellektuellen Wahrnehmung dieser Geschichte verhalte sich umgekehrt proportional zum größer werdenden Abstand der historischen Ereignisse. Entscheidend aber sei das Fehlen eines historischen »Fernverhältnisses«. Fraglich ist allerdings, ob dieses Fazit auch Gültigkeit beanspruchen kann für jene unter dem öffentlichen, um Aufklärung bemühten Geschichtsbewußtsein angesiedelte Subkultur des privaten Geschichtsbewußtseins und dessen Interpretationsmuster der Geschichte. Die jüngsten Ergebnisse aus 40 Familiengesprächen und 142 Interviews scheinen jedenfalls ganz andere Inhalte dingfest gemacht zu haben: »Nazi-Großeltern werden in den Augen ihrer Enkel zu verkappten Widerstandskämpfern, antisemitische Handlungen werden in Familienerzählungen zu Hilfeleistungen umge-

68

deutet, die eigenen Verwandten nicht als Täter, sondern als Opfer wahrgenommen. Ginge es nach dem Familiengedächtnis, die Deutschen wären ein Volk von Protestlern.«[18]

Demgegenüber hat Bohrer dem offiziellen bundesrepublikanischen Geschichtsbewußtsein attestiert: »Die Nichtexistenz eines Verhältnisses zur geschichtlichen Ferne, das heißt zur deutschen Geschichte jenseits des Bezugsereignisses Nationalsozialismus, das wird sofort evident, ist nicht das Resultat eines Willensaktes, der heute oder morgen revidierbar wäre, sondern ist eine Art mentales Apriori, eine zweite Haut bundesrepublikanischen Bewußtseins.« Bohrer definiert diese »zweite Haut« als den vollkommenen Verlust jeder Erinnerung an eine Nation-orientierte kollektive Vergangenheit. Diese Erinnerungslosigkeit werde verdeckt durch die ›memoria‹-Rede, die zu einem Kitsch-Ritual der akademischen Intelligenz zu pervertieren drohe.[19]

Das fehlende historische Langzeitgedächtnis wird nach der Einschätzung Bohrers auch nicht ersetzt – oder im Sinne Marquards kompensiert – durch nur scheinbar kontinuitätsschützende Event- und Happening-Veranstaltungen des Erinnerns: »Das seit den 80er Jahren aufgetauchte Interesse breiter Bevölkerungsschichten an früheren Kulturen – beispielhaft für Westdeutschland war der Erfolg der Staufer- und Preußen-Ausstellungen – kann nicht für die hier veranschlagte Ferneinnerung in Anspruch genommen werden. Bei solchen Geschichtsinszenierungen, die heute einer generellen Ausstellungspraxis der großen Museen entsprechen, wird eine neue Art des durchaus legitimen Voyeurismus angesprochen, in dem sich eine von Abstraktionen übermüdete Konsumentenschaft ausruht: Bilder statt Buchstaben beziehungsweise Argumente. Mit historischer Ferneinnerung in unserem Sinne hat das wenig zu tun. Eher zeigt sich hier das eigentümliche Phänomen einer unendlichen Gegenwart, die sowohl Vergangenheit als auch Zukunft auf das ewige Jetzt kulturellen Konsums schrumpfen läßt.«[20] Wie denn überhaupt dieses Fehlen eines hohen Grads an historischer Reflexion bei Bohrer auch als einer der wesentlichen Gründe erscheint für die Unfähigkeit zur Trauer der unmittelbaren Nachkriegsdeutschen und die Schwierigkeiten mit der Akzeptanz eines Holocaust-Denkmals in Berlin: »Denn selbst ein Gedächtnis, das sich des Holocaust bewußt ist, . . . verdient nur dann diesen Namen, wenn es sich nicht nur der Holocaust-Zeit bewußt ist, sondern der Zeit und der Zeiten, die vor dieser Zeit liegen.«[21]

Vollends jeden Erinnerungs- und Kontinuitäts-Schutz lassen nach Einschätzung Peter Kümmels schließlich jene neuesten deutschen TV-Sendungen vermissen, die er als erinnerungsschonende Pauschalreisen in die NS-Vergangenheit versteht: »Man erinnert sich, um zu vergessen, lautet eine These Freuds. Da eine solche Strategie für die Deutschen nicht statthaft ist, wählen sie gern eine Art der Erinnerung, die dem Vergessen nahe kommt. Es ist die Erinnerung als Zerstreuung.«[22]

Eine Zerstreuung, die Bohrer als die »unendliche Gegenwart des kulturellen Konsums« charakterisiert und die kürzlich Wolfgang Hagen unter dem Begriff »Gegenwartsvergessenheit« genauer analysiert hat. »Gegenwartsvergessenheit« versteht Hagen hierbei – unter Hinweis auf Harold Adams Innis und dessen kulturkonservative Zeit- und Medien-Reflexionen in der zweiten Hälfte des 20. Jahrhunderts – grundsätzlich als das »große Übel der Demokratie«, deren »Opferung der Vergangenheit und der Zukunft im vorgeblichen

Interesse der Gegenwart unterstrichen wurde durch die Herrschaft der Zeitungen und ihre Besessenheit von dem Unmittelbaren«[23]. Hagen begründet diese vergangenheits- und zukunftsvergessene »Besessenheit« mit dem Hinweis, daß Presse, Radio und Fernsehen technologisch und ökonomisch ausschließlich orientiert seien auf ein Jetzt und nicht auf die Dauerhaftigkeit einer Speicherung Bezug nehmen: »An dieser phänomenologischen Struktur der Massenmedien ist auch aus heutiger Sicht keine prinzipielle Korrektur angebracht. Der Mechanismus der Ausdehnung von Massenmedien läuft auch heute noch über die Oszillation von Nachrichten und Werbung. Es sind diese beiden Grund-Generatoren eines in- zwischen satellitengestützt globalisierten Marktes, deren Gel- tung, im kommerziellen ›Infotainment‹ zusammengeführt, allein im Jetzt ihrer Übermittlung liegt und deshalb ständig nach Erneuerung verlangt. Nachrichten, wie sie Massenme- dien verbreiten, sind ihrer Struktur nach Jetztberichte, und damit strukturell Börsenkursen äquivalent. Sie beinhalten Geschehnisse aus der jüngsten Vergangenheit, und ebenso Projektionen auf die Zukunft, die nachrichtlich deshalb sind, weil ihr Bericht unausgesprochen einschließt, daß sie als Ge- schehnisse von morgen wieder berichtenswert werden, oder eben nicht.«[24]

6. Kapitel

»Gespeichert, das heißt vergessen«

In seiner Analyse der »Gegenwartsvergessenheit« betont Wolfgang Hagen, daß Presse, Radio und Fernsehen vor allem nicht auf die Dauerhaftigkeit einer Speicherung Bezug nehmen. Er gelangt hierbei zu dem Schluß: »Die Gegenwartsfixierung einer pressemaschinellen und elektronischen Kommunikationstechnologie, die auf der Stipulierung von Individualkonsum gründet, ist gegenüber Vergangenheit indifferent und macht in Bezug auf die Zukunft blind.«[1] Gleichzeitig räumt Hagen ein, daß sich »die weiteren Effekte der Konvergenz der Medien im Zuge der ›Digitalisierung‹ nicht prognostizieren« lassen und »daß die Zukunft der Kommunikation paradoxerweise immer mehr ins Dunkel gerät«[2].

Womit sich die Frage stellt, ob auch das digital gespeicherte Gedächtnis in ein ähnliches Dunkel geraten könnte. Ist mit der nicht an Dauerhaftigkeit orientierten digitalen Speicherung möglicherweise eine völlig neue Dimension der Gedächtnis-Auslöschung verbunden, die alle bisherigen Formen kultureller Amnesien übertrifft? Erinnert sei hier an eine wenig beachtete Überlegung Sigmund Freuds im Jahre 1924 unter dem Titel *Notiz über den Wunderblock*, auf die Weinrich aufmerksam gemacht hat. Freuds »Wunderblock« erscheint im Rückblick jedenfalls als überraschend hellsichtige Metapher, als eine Antizipation der wahren Speichernatur digitaler Systeme, nämlich deren Kurzfristigkeit.

Freuds Überlegung zum *Wunderblock* hat Weinrich wie folgt beschrieben: »Thema dieser Überlegung ist das Gedächtnis in seiner wichtigsten Materialisierung, also als Schrift. Da sind nach Freud zwei Arten des schriftlichen Gedächtnisses zu unterscheiden, je nach der Dauerhaftigkeit der Aufzeichnung. Papier, mit Tinte beschrieben, nimmt eine ›dauerhafte Erinnerungsspur‹ an. Eine Tafel hingegen, auf die man mit Kreide geschrieben hat, kann leicht wieder gelöscht werden. Das eine ›Erinnerungssystem‹ begünstigt also das auf lange Dauer eingestellte Gedächtnis, während das andere, auf kurzfristige Speicherung angelegt, dem Vergessen näher steht. Nun ist aber zu Freuds Zeiten gerade ein neuartiges Schreib- und Spielgerät auf den Markt gekommen, Wunderblock genannt, das beide Erinnerungssysteme verbindet. Es handelt sich nach Freuds Beschreibung um eine Wachstafel, deren Oberfläche durch ein durchsichtiges Papier und eine Zelluloidschicht so präpariert ist, daß man auf ihr mit einem Griffel schreiben und die Schrift, die sich auf diese Weise im Wachs abbildet, durch ein bloßes Abheben beider Bedeckungen leicht wieder löschen kann. Allerdings bleibt die Schriftspur des Schreibstiftes auf der Wachsschicht, auch wenn der Benutzer sie in der beschriebenen Weise aufs neue geglättet hat, unter bestimmten Bedingungen noch weiter sichtbar. Das ist dann der Fall, wenn die Wachsschicht in einer bestimmten Belichtung betrachtet wird. Insofern erhält der Wunderblock in seiner Wachsschicht zugleich ein vergängliches und ein dauerhaftes Gedächtnis, dem in der Umkehrung auch ein vorübergehendes und ein bleibendes Vergessen entspricht.«[3]

Dieses Verhältnis von vergänglicher und dauerhafter Erinnerungsspur ist inzwischen zu einem Thema globaler Natur avanciert. Die Rede ist vom bereits Anfang der neunziger Jahre des vorigen Jahrhunderts ins Leben gerufenen

UNESCO-Programm »Memory of the World«, jenem Programm für das kollektive Weltgedächtnis, in das bedeutende Dokumente in Schrift, Ton, Bild und Film in ein Weltregister aufgenommen werden mit dem Ziel, sie digital im Internet zu präsentieren (»preservation and access«). Ein Programm also, das erstmalig global die Frage nach dem dauerhaften Gedächtnis zur Diskussion stellt, und zwar im Hinblick auf Dokumente, die auf der Weltskala als erinnerungswürdig deklariert werden können.

Mit der paradoxen Problemstellung, daß ausgerechnet die Memorabilien des kollektiven Langzeitgedächtnisses einem global verfügbaren Speichermedium mit technisch bedingtem Kurzzeit-Gedächtnis anvertraut werden sollen. Joachim-Felix Leonhard hat diesen Sachverhalt beschrieben mit den Worten: »Bei kaum einem Bereich, der sich mit Kulturerbe und Bewertungen befasst, ist deshalb die Frage so virulent, wer denn heute – im Zeitalter digitaler Kommunikation und nicht geklärter Langzeitarchivierung zwecks künftiger Verfügbarkeit – entscheidet, an was wir uns morgen erinnern werden. . . . Es ist, als ob eine imaginäre Invasion aus der Galaxis stattfände und uns vor die Robinsonfrage stellte. So wie einst Noah befragt wurde, welche Werte und Gegenstände wichtig erschienen und – in notwendiger Beschränkung bzw. Selektion – in ein kleines Boot, eine Art virtuelle Arche, zu legen seien. Die Fragesteller ließen uns – sagen wir – wenige Vorschläge frei, die aber wohl bedacht sein wollten. Was nichts anderes bedeutet, als asketisch und selektiv bewertend einen Gang durch die Geschichte der Dokumente, die Dokumente der Geschichte, anzutreten. In ›Memory of the World‹ sollen nämlich die wenigen Dokumente aller Länder digitalisiert und über Server der UNESCO im Netzwerk bereitgestellt,

d. h. verbreitet werden ›in order to have preservation (via digitalization) and better access (via world wide web)‹.«[4]

Wobei von dieser Digitalisierung des kollektiven Gedächtnisses jenes besonders gefährdete immaterielle Gedächtnis-Erbe immer noch ausgeschlossen ist, auf das Claude Lévi-Strauss eindringlich hingewiesen hat; die überlieferten Gesänge, Erzählungen, Rituale und Feste, deren Realisierung unlösbar gebunden ist an die Ausübung und das Tradieren durch den Menschen. Aber auch für die digitalisierten Gedächtnis-Dokumente des »Memory of the World«-Programms« könnte Theodor W. Adornos Definition der Literatur eine unerwartet neue Bedeutung gewinnen. Nämlich, daß Literatur das »Gedächtnis des akkumulierten Leidens« sei. Denn der Leidensweg dieses bislang in Büchern und Bibliotheken einigermaßen dauerhaft materialisierten Gedächtnisses wird schon jetzt bestimmt durch das ständig sich beschleunigende Innovationstempo der digitalen Systeme. Hans Magnus Enzensberger hat dieses Gespenst beschrieben mit den Worten: »Das rasante Innovationstempo hat nämlich zur Folge, daß die Halbwertzeit der Speichermedien sinkt. Die National Archives in Washington sind nicht mehr in der Lage, elektronische Aufzeichnungen aus den sechziger und siebziger Jahren zu lesen. Die Geräte, die dazu nötig wären, sind längst ausgestorben. Spezialisten, die die Daten auf aktuelle Formate konvertieren könnten, sind rar und teuer, so daß der größte Teil des Materials als verloren gelten muß. Offenbar verfügen die neuen Medien nur über ein technisch begrenztes Kurzzeitgedächtnis. Die kulturellen Implikationen dieser Tatsache sind bisher noch gar nicht erkannt worden.«[5]

Der »horror digitalis« also für die anamnetische Kultur? Enzensberger hat angesichts dieser zu erwartenden Frage vorsorglich die beiden Fraktionen des digitalen Zeitalters identifiziert als Apokalyptiker einerseits und Evangelisten auf der anderen Seite. Als das entscheidende Differenz-Kriterium erweist sich auch hier wieder das Gedächtnis: in Gestalt der Gedächtnislosigkeit der Evangelisten und der Erinnerungs-Fähigkeit auf Seiten der Apokalyptiker. Die digitalen Evangelisten versteht Enzensberger denn auch in diesem Sinne als Anhänger froher Botschaften globaler Natur. Sie prophezeien unter anderem die Heraufkunft einer direkten elektronischen Demokratie, den Abbau von Hierarchien und die nachhaltige Nutzung von Ressourcen. Sie erinnern Enzensberger in ihrer Erinnerungslosigkeit an den euphorischen Glauben der Nachkriegszeit an die friedliche Nutzung der Kernspaltung als die Lösung aller Energieprobleme.

Die digitalen Evangelisten versprechen allerdings die Lösung ganz anderer Probleme: Statt Lösungen verkünden sie die Erlösung des antiquierten Menschen. Unter anderem auch die Erlösung des Menschen von seinem unzuverlässigen und hinfälligen Gedächtnis mittels gigantischer elektronischer Speichergeräte. »Der Cyborg, eine Chimäre aus Mensch und Maschine, sei daher der nächste logische Schritt zur Selbstabschaffung der Gattung. Am Ende sollen fortschrittliche Automaten, die mit dem Makel der Sterblichkeit nicht behaftet sind, das hinfällige Geschlecht gänzlich ersetzen. Diese Maschinen werden auch dem Durcheinander der Sexualität ein Ende machen; sie sind nämlich in der Lage, sich auf einwandfrei keimfreie Art und Weise fortzupflanzen. Von den militanteren Pionieren der Künstlichen Intelligenz wurde dieses selbstlose Ziel schon vor Jahrzehnten verkündet. Die in den Sand gesetzten Forschungsgelder, die Hartnäckigkeit des Mind-body-Problems, die vielen Pleiten, die ihren Verheißungen beschieden waren – das alles kann die Projektemacher in ihrem Behagen nicht stören. Propheten sind gegen Tatsachen immun. Das macht ihren Reiz aus.«[6]

Aber auch die digitalen Apokalyptiker erweisen sich für Enzensberger als keineswegs weniger dogmatisch als die Evangelisten. Anders als die Evangelisten können sie zwar nicht auf Subventionen, Drittmittel und Industrie-Förderung hoffen. Dafür verkünden sie auf eigene Faust die Schrecken einer Zukunft des ›rasenden Stillstands‹ im Sinne des Medienphilosophen Paul Virilio oder der Gespensterwelt medialer Simulation und Virtualität im Sinne Baudrillards.[7]

Enzensberger selber löst diesen Antagonismus pragmatisch, indem er beide Fraktionen relativiert: Es spreche manches für den Rat, die Kirche im Dorf zu lassen. »Medienpropheten, die sich und uns entweder die Apokalypse oder die Erlösung von allen Übeln weissagen, sollten wir jedoch der Lächerlichkeit preisgeben, die sie verdienen. Die Fähigkeit, eine Pfeife vom Bild einer Pfeife zu unterscheiden, ist weit verbreitet. Wer Cybersex mit Liebe verwechselt, ist reif für die Psychiatrie. Auf die Trägheit des Körpers ist Verlaß. Das Zahnweh ist nicht virtuell. Wer hungert, wird von Simulationen nicht satt. Der eigene Tod ist kein Medienereignis. Doch doch, es gibt ein Leben diesseits der digitalen Welt: das einzige, das wir haben.«[8]

Läßt sich die Kirche aber wirklich im Dorf halten, das sich inzwischen global-digital und virtuell geriert gegenüber der Realität der alten Kirchen des Gedächtnisses? Auch Enzensberger räumt ein, daß die Medien eine zentrale Rolle in der menschlichen Existenz spielen; ihre rasante Entwicklung führe in der Tat zu Veränderungen, die niemand wirklich abschätzen könne. Sicher ist, daß die rasante Entwicklung das bislang real zugängliche, in seiner Dauerhaftigkeit allerdings von Säureschäden bedrohte Buch-Gedächtnis langfristig in einen völlig neuen Aggregatzustand überführt. Das gedruckte Wort als materialisiertes Gedächtnis mutiert zum elektronischen Wort. Die Bibliothek als realer Versammlungsort der gedruckten memoria zieht um in den digitalen Raum des Speichers. Die memoria, die Augustinus im 10. und 11. Buch seiner *Confessiones* als den eigentlichen Versammlungs-zweck der Gemeinde verstanden hatte, verflüchtigt sich in das »spicarium«, den Ort also, wo ursprünglich die Ähren (»spicae«), das Getreide, aufbewahrt wurden. Der Computer aber speichert, er memoriert nicht. Das heißt, die Migration des Gedruckten zum elektronischen Zeichensatz entzieht dem Gedächtnis die bislang gewohnte haptische Realität der Bücher. Die alten buch-fixierten geistigen Weberstückchen des assoziative Bezüge stiftenden Gedächtnisses müssen ihre Kunstfertigkeit jetzt auf einem neuen Boden unter Beweis stellen, nämlich auf dem flüchtigen Zeichensatz-Boden hoch aufgelöster Digitalisate. Das Gedächtnis, bislang geübt im Umgang mit selbstgenerierten Assoziationen und Einsichten in Verbindungen, findet sich plötzlich wieder als habituali-sierter Benutzer von Speicherkapazitäten mit technisch be-stimmten formalen Verknüpfungen und der Abhängigkeit von digitalen »Suchmaschinen«.

In dem Maße, in welchem sich die Festplatten und Server mit diesen Digitalisaten füllen, entleeren sich die Bücherre-gale der alten Bibliotheken: »Es ist ein verlockendes futuristi-sches Gedankenspiel: die Buchbestände der Bibliotheken der Welt, von der nichtigsten Broschüre bis hin zur massivsten Enzyklopädie, werden vollautomatisch gescannt. Hochlei-stungsscanner legen Buch für Buch auf seinen Rücken, und scannen Seite für Seite den Buchtext, indem sie das Papier der nachfolgenden Seiten ansaugen und selbstständig umlegen. Abschnitts- und Kapitelüberschriften werden ohne intellektuelle Unterstützung eines Bibliothekars erkannt und zu den Text gliedernden und sachlich erschließenden Metadaten verarbeitet. – Ein faszinierendes Szenario ist dies, derzeit zwar noch ein wenig utopisch, aber angesichts der rasanten Entwicklungen der IT-Technologie vermutlich in absehbarer Zeit schon als realistisch anzusehen.«[9]

Aber gemach; trotz dieser kaum noch als utopisch zu bezeichnenden Aussichten lautet das Zwischenfazit: ». . . bis tatsächlich der letzte Band Goldschnittlyrik netzfähig gemacht ist, werden vor dem Hintergrund des Millionenheeres von zu scannenden Büchern vermutlich Jahrzehnte vergehen. Bis dahin wird der schon beinahe totgesagte Lesesaal nicht zu ersetzen sein.«[10] Die digitalen Evangelisten sind allerdings fest entschlossen, Millionenheere gescannter Bücher in der digitalen User-Welt virtueller Bibliotheken zur Verfügung zu stellen. Bibliotheken werden künftig auch nicht nur die aus ihren eigenen Beständen digitalisierten Memorabilien zur Verfügung stellen, sondern es soll vor allem der Zugriff auf unzählige digitale Texte aus den kumulierten Magazinen unzähliger Bibliotheken ermöglicht werden.

Womit es endlich gelingen dürfte, jene »Biblioteca de Babel« zu realisieren, die dem Autor und langjährigen Direktor der Bibliothek von Buenos Aires, Jorge Luis Borges, bereits in seinem ins Phantastische fluktuierenden Prosastück mit diesem Titel antizipiert hat. Weinrich hat diese von Borges ersonnene Bibliothek von Babel eindringlich geschildert, mit Magazinen seit unvordenklichen Zeiten und Speicherkapazitäten für alle existierenden und künftigen Bücher. Die Existenz dieser universalen Bibliothek löse zunächst bei allen in ihr beschäftigten Bibliothekaren Glücksgefühle aus. »Und sie suchen in der Masse der Bücher hoffnungsvoll – ähnlich wie Mallarmé und Valéry – nach dem *einen* Buch, das alle Komplexität der übrigen in sich vereinigt und als das deren ›Chiffre und Kompendium‹ wohl einer Gottheit gleichkommen muß. Dieses ›totale Buch‹ wird jedoch nicht gefunden. Enttäuschung und Niedergeschlagenheit breiten sich aus, und einige Bibliothekare werden verrückt. In dieser Situation tritt eine Sekte auf. Ihre Angehörigen sind Fanatiker des Vergessens. Angetrieben von einem ›hygienischen, asketischen Wahn‹ (furor higiénico, ascético), machen sich diese Puritaner, die natürlich selber auch Bibliothekare sind, ans Werk, um aus der Bibliothek von Babel alle ›unnützen Werke‹ (obras inútiles) auszumerzen. Millionen von Büchern gehen durch ihr Zerstörungswerk zugrunde. Doch hat diese gewaltige Kassation keine erkennbaren Folgen für die Bestände der Bibliothek und bleibt in ihrer Wirkung ›infinitesimal‹. Vergessensresistent, wie sie offenbar ist, wird die Bibliothek von Babel sogar den Untergang der Menschheit überdauern.«[11]

Blickt man genauer hin, so erweist sich die Hoffnung, künftig Gedächtnisinhalte aus virtuellen Büchermagazinen im Stile dieser Bibliothek von Babel abzurufen, zumindest für den Einzelkunden offenbar doch als utopisch. Denn bereits einfache Rechenexempel zeigen, daß kaum ein künftiger Benutzer über die Finanzkraft verfügen wird, um sämtliche für ihn relevanten Volltexte auf eigene Kosten abzurufen: »Vor allem geistes- und gesellschaftswissenschaftliche Forschungsarbeiten verlangen mitunter nach Dutzenden, ja Hunderten von zu konsultierenden Schriften. Nicht allein Literaturwis-

senschaftler aber wollen stöbern, sich im Geschriebenen verlieren, zielgerichtet oder ziellos suchen, Anregungen finden,
Abseitiges ebenso wie Grundsätzliches entdecken – und zwar
vor den Bücherregalen des Lesesaales ebenso wie im Kosmos
der Netzquellen. Die Chance, Datenmengen zukünftig kom-
fortabel am privaten PC laden zu können, läßt hoffen: Die
Notwendigkeit, als Einzelkunde, als ›enduser‹, horrende Kosten tragen zu müssen, schreckt hingegen ab.«[12]

Das aber, was die digitalen Apokalyptiker vor allem beun-
ruhigt, sind weniger die horrenden Kosten, sondern vielmehr
der »horror digitalis« eines kollektiven Wissensschwunds auf
Grund der raschen Alterungsprozesse der digitalen Systeme.
Nachdem auch das in den letzten 150 Jahren in Büchern mit
säurehaltigem Papier materialisierte Gedächtnis schon be-
denkliche Auflösungserscheinungen zeigt, droht nun den digitalen Gedächtnisträgern eine wesentlich kürzere Halbwertzeit. Denn die Werkstoffe der transportablen Speicher tragen
bereits selber das Kainszeichen ihres Untergangs auf der
Stirn. Bei den Magnetmedien lagern die Info-Bits in hauch-
dünnen organischen oder metallischen Filmen, die mit einer
Chemikalie auf das Trägermaterial geklebt sind. Mit der
Zeit aber löst sich das Bindemittel, und beim Abtasten ver-
schmiert das Filmmaterial die Leseköpfe. Mit dem Ergebnis,
daß Experten für magnetische Medien wie Bänder, Floppy-
oder Zip-Disks nur eine Datenhaltbarkeit von etwa zehn Jahren garantieren. Die Produzenten optischer Gedächtnisspei-
cher versprechen dagegen schon eine wesentlich längere
Haltbarkeit etwa für CD-ROMs. Aber auch hier werde voraussichtlich schon nach etwa 100 Jahren das Gedächtnis
nachlassen. Denn im Laufe der Zeit wird die Metallschicht
auf der Scheibe stumpf. Dann reflektiert das Laserlicht nicht

mehr punktgenau. Die Strahlen verpassen die Pits, die in das Material eingebrannten Bit-Grübchen.

Das Versprechen eines hundertjährigen Langzeitgedächtnisses der optischen Speicher-Produzenten ist ohnehin wohlfeil. Es ist nicht verifizierbar. Die Beweisbarkeit der produktbegleitenden Behauptungen findet nicht statt. Denn bevor die digitalen Gedächtnis-Daten ein Opfer der Materialermüdung werden, verschwinden bereits jene Geräte, mit denen diese Daten ursprünglich bearbeitet wurden. Hinzu kommt, daß auch die Programme, die die binären Reihen von Nullen und Einsen in lesbare Information umwandeln können, spätestens auf den Rechnern der übernächsten Generation nicht mehr präsent sind. Was zum Beispiel auf einem seinerzeit vielgerühmten »Commodore 64« gespeichert wurde, ist für das Gedächtnis der digitalen Nachwelt bereits verloren: Ein moderner PC ist nicht mehr in der Lage, die alten Commodore-Inhalte zu entziffern.

Angesichts dieses digitalen Gedächtnis-Dilemmas verweisen die Evangelisten auf das angeblich probate Rettungsmittel des regelmäßigen Kopierens. Aber auch hier droht die Gefahr empfindlicher Gedächtnislücken. Denn bei der kopierenden Speicherung der Daten wird ein störanfälliges elektrisches Signal in Nullen oder Einsen verwandelt. Dazu muß die durchgängige, wellige Stromkurve in genau zwei Werte geteilt werden: Jeder Impuls oberhalb eines festgelegten Schwellenniveaus wird zur Null, darunter zur Eins. Hierbei unterliegt das Stromsignal gelegentlichen Schwankungen mit dem Ergebnis, daß in der Nähe des Trennwertes Fehler entstehen können. Eine Eins kann auf diese Weise plötzlich anstelle einer Null gespeichert werden.

Überhaupt triumphieren beim Kopieren nicht die digitalen

Systeme, sondern die inzwischen altväterlichen Systeme des Kopiergeräts für Papierdokumente. Während dort die Kopien der Kopien nur langsam die Schriftzeichen verblassen lassen, kann beim digitalen Duplizieren schon das Umschlagen eines einzelnen Bits (von Null nach Eins oder von Eins nach Null) zum Gedächtnis-GAU, zum größten anzunehmenden Unfall führen: Der komplette Datensatz wird auf irreversible Weise unbrauchbar.

Ist Odysseus damit wieder bei den Lotophagen gelandet? Präsentieren die digitalen Systeme inzwischen ähnliche Gefahren wie die gedächtnisauslöschenden Lotos-Früchte? Veranstalten diese Systeme langfristig von selber das, was Hugo Loetscher vorgeschlagen hatte: ein großes, weltweit am 31. Dezember 1999 zu feierndes »Löschfest«, bei welchem auf ein Vergessens-Kommando hin alle elektronisch gespeicherten Daten gelöscht werden?[13] Aber auch hier verheißen digitale Evangelisten neue Hoffnung. Denn das 21. Jahrhundert hat nicht nur die in den frühen achtziger Jahren entwickelten Fähigkeiten der Personal Computer in die Mobiltelefon- und Internetkommunikation integriert. Inzwischen hat sich in diesen digitalen Life-style-Accessoires auch die Lebensdauer und Resistenz gegen digitale Gedächtnisverluste im Vergleich zu traditionellen Organizern erheblich erhöht.

Denn der Palmtop Computer, der auf der Handfläche Platz findende persönliche digitale Assistent (PDA), bedeutet nämlich im Falle eines Verlusts oder der Zerstörung des PDA noch keineswegs den Verlust des digitalen Gedächtnisses beim Benutzer. Er kann beim Erwerb eines neuen PDA das verlorene Gedächtnis von seinem Schreibtisch-Computer restituieren lassen, auf dem die Kopie aller Daten bereitliegt. Es sind Daten, die täglich und automatisch über die sogenannte »hotsync«-Funktion abgeglichen und aktualisiert werden. Hinzu kommt, daß im Hinblick auf die schwindende Dauerhaftigkeit von Hardware guten PDA-Kunden ein regelmäßiges Upgrade zum neuesten Telefon-Typ von den Mobiltelefonhändlern sicherheitshalber angeboten wird.

Gleichwohl bildet gerade die schwindende Dauerhaftigkeit von Hardware bei gleichzeitiger Zunahme der täglich und mit größerer Geschwindigkeit wachsenden und zu archivierenden Datenmenge nach wie vor ein entscheidendes Argument, das die digitalen Apokalyptiker gegen die Evangelisten des Systems ins Feld führen. Peter Cornwell hat einige der hierdurch bedingten digitalen Gedächtnis-Verluste kürzlich detailliert bilanziert: »Das British Film Institute verwaltet etwa 200.000 Stunden Video, das auf schnell alternden analogen Medien gespeichert wurde, wie beispielsweise U-matic (ein von Sony 1969 entwickeltes Videokassettenrekorder-Format). Die British Broadcasting Corporation (BBC), die schätzungsweise 600.000 Stunden Video besitzt, hat bereits den Verlust einer großen Menge Materials aus der Frühzeit des Fernsehens eingestanden. Die Verbindung zwischen den hinterlassenen Videobändern und der Überlebensfähigkeit von digitaler Information ist vielleicht nicht sofort offensichtlich, aber Digitalisierung und Speicherung durch Computermedien bieten wahrscheinlich die einzige praktische Lösung für diese überdimensionale Aufgabe. (Das Umkopieren von Videomaterial auf neue Bänder macht wenig Sinn, da ein massiver Einsatz menschlicher Arbeitskraft notwendig wäre. Zudem muß der Prozeß nach zehn Jahren wiederholt werden, wenn das Ende der Lebensdauer der neuen Bänder erreicht ist.) Die Herausforderungen sind enorm: Das digitale Äquivalent von einer einzigen Stunde Video in Sendequalität liegt im Bereich von 120 Gbytes. Die daraus resultierende Summe an Daten bringt Konsequenzen mit sich, die heute in keiner Weise einzuschätzen sind.«[14] Ein »horror digitalis«-Bericht mit der Aussicht auf mögliche künftige Verluste an Memorabilien mit wahrhaft beunruhigenden Perspektiven, deren Ausmaß und Bedeutung öffentlich bislang kaum diskutiert werden. Das heißt, es werden einerseits bewußt nicht restituierte Verluste an Gedächtnisinhalten für künftige Generationen in Kauf genommen. Und es wird andererseits dem Belieben und Urteil gegenwärtiger Funktionseliten überlassen, exklusiv zu bestimmen, welche Gedächtnisinhalte künftig verfügbar oder obsolet sein sollen.

Beispiele für die Vision dieser George Orwell-Zukunft eines ausschließlich von digitalen Eliten gesteuerten und selektierten Menschheitsgedächtnisses finden sich bei Cornwell. Genannt sei hier das 1986 von der BBC publizierte elektronische Domesday-Buch im Gedenken an das vor 900 Jahren entstandene Buch gleichen Namens mit der Aufzeichnung des Ergebnisses einer (1086 von Wilhelm dem Eroberer angeordneten) systematischen Untersuchung der Grundbesitzverhältnisse in England. Cornwell berichtet ausführlich über dieses Beispiel aus der Frühzeit des »horror digitalis«: »Die neue multimediale Datenbank, eine Bestandsaufnahme des gegenwärtigen Großbritannien, wurde mit Hilfe von Millionen von Schulkindern und unter Verwendung von Statistiken und Bildmaterial der Regierung hergestellt. Ein Laserdisc-Player und ein BBC-Micro – zu dieser Zeit der Konkurrent des PCs von IBM – bildeten die notwendige Hardware, die es dem Nutzer ermöglichten, durch eine Sammlung von Fotografien, Filmen, Grafiken und Texten zu navigieren, die derart umfangreich ist, daß einige Jahre notwendig wären, um alles im Einzelnen zu sehen. Doch nur fünfzehn Jahre später mußte das Projekt in einer [. . .] Beinahe-Katastrophe durch die gemeinsame Anstrengung mehrerer Universitäten vor dem Verschwinden gerettet werden: denn in diesem kurzen Zeitraum hatte sich die technische Umgebung so grundlegend verändert, daß die auf Laserdiscs gespeicherten Daten vom normalen Verbraucher nicht mehr gelesen werden konnten. Gleichzeitig waren die Datenträger selbst, die Laserdiscs, akut vom Zerfall bedroht. Diese Erfahrung ist besonders erschütternd angesichts der gut erhaltenen originalen Papierausgaben des historischen Domesday-Buches, die 900 Jahre zuvor von normannischen Mönchen geschrieben worden waren. [. . .] Das Problem der BBC bestand nicht nur einfach darin, Daten von zerfallenden Laserdiscs lesen zu müssen, bevor diese für immer verschwinden. Das Restaurationsteam musste den BBC-Micro emulieren, das heißt, seine Funktionen auf einem neuen Computer nachbilden, um die Software für die Navigation der Information, die auf der Laserdisc gespeichert war, wieder laufen lassen zu können.«

Inzwischen verlangt die schwindende Dauerhaftigkeit von Hardware zusätzlich neue Strategien des Personal-Managements zur Sicherung digitaler Gedächtnisinhalte. Das bedeutet vor allem die Entwicklung und Aufrechterhaltung spezieller Mitarbeiterfähigkeiten für das Überleben digitaler Informationen angesichts technischer Geräte verschiedener Generationen, Hersteller und Verfahrensweisen. Cornwell hat in diesem Zusammenhang auch auf die naheliegenden Aspekte einer gigantischen Arbeitskosten-Explosion hingewiesen: »Das Dilemma des Videoarchivs der BBC resultiert, anders als bei der Rettung des Domesday-Projektes, nicht aus den Kosten für neue Speichermedien, für Maschinen oder Infrastruktur. Es besteht hauptsächlich in dem Problem der Unbezahlbarkeit der menschlichen Arbeitskraft, die notwendig ist, um das enorme Volumen an Material von alten Bändern auf neue zu übertragen – ein Vorgang, der nur schwer beschleunigt werden kann, da die Kopiermaschinen in Echtzeit laufen. Bei einer Haltbarkeit von Speichermedien, die immer noch unter zehn Jahren liegt, müßte der ganze Prozeß, plus der dazugekommenen Bänder der dazwischen liegenden Jahre, wiederholt werden, sobald er abgeschlossen ist. Außerdem würde das Videomaterial immer noch in analoger Form gespeichert, was bei jedem Transfer weiteren Qualitätsverlust zur Folge hätte.«[15]

Aber selbst die Erstellung eines Archivs für die langfristige Lagerung digitaler Gedächtnis-Inhalte würde zahlreiche unvorhersagbare Variablen enthalten. Das heißt, eine umfassende Prognose aller möglichen Ereignisse, die im Verlauf einer langfristigen Lagerung möglicherweise eintreten könnten, ist letztlich nicht möglich. Um noch in einer fernen Zukunft auf Datenlager zugreifen zu können, müßten zum Beispiel nicht nur technologische Fortschritte antizipiert werden. Es müßten auch Aspekte langfristiger Finanzierung berücksichtigt werden. Ganz zu schweigen von Umwelt- und Klimaveränderungen. Cornwell gelangt daher zu dem ernüchternden Ergebnis: »Es gibt keine grundsätzlichen Hindernisse, um langfristig über Daten und die Methoden, auf sie zuzugreifen, zu verfügen. Doch zur Zeit gibt es keine praktischen Speichertechnologien, die eine langfristige Lagerung erlauben, da sie nach einem bestimmten Zeitraum funktionsuntüchtig werden. Dies hat bisher Planungen der Regierungen für dauerhaft verwaltete Archive verhindert, die angesichts des schnell wachsenden Bedarfs an Lagerungsmöglichkeiten von höchster Dringlichkeit sind.«[16]

Die höchste Dringlichkeit dürfte angesichts der Unmöglichkeit eines digitalen Langzeitgedächtnisses denn auch jene Schlüsseltechnologie beanspruchen, mit der zur Zeit die digitalen Evangelisten einen Ausweg aus dem Dilemma der Fragilität ihrer Memorabilien prophezeien: das Storage Area Network (SAN). Das von einer Gruppe (»Internet Engineering Task-Force«) von Komponenten- und Computer-Herstellern entwickelte SAN-System nutzt eine signifikante Eigenschaft digitaler Information. Nämlich die Unmöglichkeit, Kopien vom Original zu unterscheiden. Eine Langzeit-Überlebensfähigkeit von Memorabilien könnte daher zumindest potentiell durch eine globale Ubiquität digitaler Informations-Klone gesichert werden. Das heißt, die jeweilige Information müßte durch ihr digitales »mirroring«, durch »Spiegeln« weltweit geographisch verteilt werden. Sicherung also durch wiederholte automatische Spiegelung, eine bereits von der Open Software-Bewegung implementierte Strategie, die jetzt Teil der SAN-Standards wurde. Und dies mit doppelter Zielsetzung. Einerseits ermöglicht es SAN potentiell, daß Datenspeichergeräte mit sehr hoher Speicherkapazität, die an einem bestimmten Ort installiert werden, so über private oder auch öffentliche Netzwerke genutzt werden können, daß sie als Komponenten-Teil des Computers oder eines lokalen Netzwerks als Benutzer fungieren. Andererseits führt SAN zur Langzeit-Sicherung der Informationen Updates durch und überprüft automatisch die Konsistenz aller »gespiegelten«, das heißt verteilten Kopien. SAN ermöglicht hierbei die kostengünstige langfristige Speicherung von Informationen durch Nutzung von Speichergeräten aller möglichen Hersteller; allerdings unter der Voraussetzung, daß die Produkte dieser Hersteller alle dem SAN-Standard entsprechen müssen. Das Fazit lautet dann: »SAN-Spiegelungsstrategien ermöglichen das periodische, vollkommen automatisierte Übertragen von Information von einer Speicherungshardware, die am Ende ihrer Haltbarkeit steht, auf eine neue, die mit dem SAN verbunden ist.«[17]

SAN also als die Utopie eines dauerhaften postmodernen digitalen Turms von Babel? Immerhin sind dessen Fundamente zunächst weiterhin geprägt nicht nur von der Gedächtnis-Fragilität der Trägermedien, sondern auch von der Abhängigkeit von Energie und der ständig notwendigen Adaptation an aktuelle technische Standards. Ganz abgesehen davon, daß auch SAN-Langzeitdaten nicht geschützt sind gegen Naturgewalten, wie zum Beispiel Asteroideneinschläge. Es sind digitale Fundamente, die im 21. Jahrhundert unter neuen Vorzeichen die Formulierung von Marx und Engels einlösen: »Alles Ständische und Stehende verdampft.«[18] Auf diesen Fundamenten verlieren auch alle individuellen und kollektiven Gedächtnisdaten die Aura des Originals. Denn über den Wert der Digitalisate entscheidet allein deren Verfügbarkeit. Was Walter Benjamin über das Kunstwerk im Zeitalter seiner technischen Reproduzierbarkeit bereits notierte, gilt daher uneingeschränkt auch für das digitale Dokument. Nämlich das Fehlen »materieller Dauer« und »geschichtlicher Zeugenschaft«.[19] Ein Phänomen, das dem eigentlichen Wesen der digitalen Systeme ohnehin geschuldet ist als einer Technologie der Kommunikation und nicht des Bewahrens von Gedächtnis.

Thomas Hettche hat dieses eigentliche Wesen der digitalen Systeme kritisiert: »Wer die Digitalisierung unserer Kultur nur als Zugewinn an Geschwindigkeit und Erreichbarkeit verstehen will, verkennt, daß der Verlust des Artefakts eine völlig neue Kultur des Bewahrens hervorbringt. Trösteten noch für Hannah Arendt die Artefakte den vergänglichen Menschen in der vergänglichen Natur mit einem Abglanz der Ewigkeit, verschwindet nun mit ihnen auch der Trost, der in ihrer scheinbaren Unvergänglichkeit lag. [. . . . .] Während man in den alten Ordnungen etwas so ablegte, daß es wiedergefunden werden konnte, wird nun alles prozeßhaft generiert und ebenso naturhaft wieder verspeist. Es verbraucht sich jedes ›Datum‹ als ›Sensation‹ und mit ihr das, was einmal Kultur hieß. [. . . . .] Überall tritt die Statistik an die Stelle der Erinnerung, die Rezension wird durch die Bestsellerliste abgelöst, der Fan ersetzt den Kenner, den es nicht mehr gibt. Listen normieren das persönliche Urteil, machen die eigene Erfahrung datenbankkompatibel und reduzieren Auseinandersetzungen auf das Mantra des Erfolges bei Amazon: Es gibt, was es gibt. Doch nichts bleibt. [. . . . .].«[20]

Wenn bereits François Truffaut in seinem Film *Fahrenheit 451* aus dem Jahr 1966 von einer Gesellschaft erzählt, in der das Lesen von Büchern verboten ist, so übertreffen die digitalen Systeme diese Vision durchaus: Sie verbieten die Bücher nicht, sie lösen deren materielles Gedächtnis auf. Ja, sie löschen es sogar aus, denn Memorabilien, die aus dem Netz verschwinden, sind verloren. Weil die Suchmaschinen sie aus ihren Verzeichnissen gestrichen haben, laufen sie Gefahr, nicht einmal mehr vermißt zu werden. Ein AuslöschungsProzeß, der letztlich für alle digitalen Memorabilien gilt, denn in der Regel werden Veröffentlichungen im Netz nach Ablauf einer gewissen Frist vom Server gelöscht. Die gefüllte Festplatte fordert ohnehin unerbittlich diesen Prozeß des

Auslöschens und Wegwerfens nach Selektionskriterien, die nicht vom Bewahren, sondern von der aktuellen Bedeutung abhängig sind. Was bislang das Publizieren in den Druckmedien verspricht, nämlich das Hinterlassen mittel- oder langfristiger Spuren, verflüchtigt sich im widerstandslosen digitalen Netz: Das Unbeachtete, das nicht im Netz Gepflegte, kann nicht – wie etwa das Buch – überleben; es ist dem Vergessen, der Auslöschung ausgeliefert.[21]

Die digitalen Systeme lösen auf diese Weise unverhofft jene denkwürdige Befürchtung ein, die Anfang des 19. Jahrhunderts von Goethe (in: *Chinesisch-Deutsche Jahres- und Tageszeiten*) auf die poetische Formel gebracht wurde: »Mich ängstigt das Verfängliche / Im widrigen Geschwätz, / Wo nichts verharret, alles flieht, / Wo schon verschwunden, was man sieht; / Und mich umfangt das bängliche, / Das graugestrickte Netz . . .«

Um so dringlicher könnten allerdings digitale Apokalyptiker fordern, daß Selektionskriterien bestimmt werden müßten wenigstens für einige nicht dem Auslöschen auszuliefernde digitale Gedächtnis-Inhalte. Etwa digitalisierte Hinweise für zukünftige Generationen über die Lagerstätten radioaktiver Abfälle, teilweise mit einer Halbwertzeit von 20.000 Jahren. Neueste Untersuchungen digitaler Systeme zeigen allerdings, daß Dateien nur dann wirklich vollständig gelöscht werden können, wenn sie mehrfach mit neuen Daten überschrieben werden. Das Bundesamt für Sicherheit in der Informationstechnik (BSI) bietet daher bereits ein entsprechendes Überschreibungsprogramm an.[22] Bislang existiert ein Knopf für die totale Computer-Amnesie nur in der Phantasie.

7. Kapitel

Die Pille danach – Zur Neurotechnik
des Vergessens

Das Wasser des Vergessens aus dem »Lethestrom« hat selbst
Goethe, für den »Erinnern . . . das Leben im tiefsten Innern«
war, immer wieder genossen und gegenüber dem Komponi-
sten Zelter sogar gerühmt mit den Worten: »Man bedenke,
daß mit jedem Atemzug ein ätherischer Lethestrom unser gan-
zes Wesen durchdringt, so daß wir uns der Freuden nur mäßig,
der Leiden kaum erinnern. Diese hohe Gottesgabe habe ich
von jeher zu schätzen, zu nützen und zu steigern gewußt . . .«[1]
Wie sehr hätte ihn jene Vision eines Lethestroms überrascht,
der den Menschen von allen Gedächtnisinhalten überhaupt
entlastet, indem er diese als Daten auf einen Rechnerspeicher
überträgt. Hubert Markl hat diese Vision, von der er »vorläu-
fig überhaupt nichts halte«, kürzlich erläutert: »Ich meine die
Überlegung, durch Abscannen der molekularen Architektur
in dünnste Scheibchen zerlegter menschlicher Gehirne als
dem physischen Substrat von deren geistigen Leistungen, sozusagen den ›ghost in the machine‹, also die geistig bestimmte
Individualität, das innerste Wesen einer Menschenpersön-
lichkeit mitsamt allen Gedächtnisinhalten als Daten auf einen
Rechnerspeicher zu übertragen und ihr dadurch potentielle –
wenn auch virtuelle – Unsterblichkeit zu verleihen.«[2]
  Bereits jetzt stelle sich allerdings das Problem, ob die der-
zeitige Entwicklung weitgehend selbstgesteuerter, lernfähiger
und vor allem auch gedächtnisstarker Kleinroboter »mit zunehmender Fähigkeit zu selbständig-unabhängiger Aktion
der Kontrolle ihrer Schöpfer entgleiten« könnte. Markl stellt

daher in diesem Zusammenhang die Frage: »Worum muß es bei solchem Nachdenken über die ›Compu-Nano-Robo-Geno-Zukunft‹, die uns vorhergesagt wird, vor allem gehen? Wird das wirklich – im Sinne Aldous Huxleys – eine schöne neue Nano-Welt und der Mensch in ihr technisch optimiert und nachgerüstet?« Auch Markl macht in diesem Zusammenhang auf Befürchtungen aufmerksam, die »keineswegs mit dem Hinweis verniedlicht werden sollten, noch sei das alles ja keineswegs so weit. Denn wenn es einmal so weit ist, könnte es ja in der Tat zu spät zum begrenzenden Eingreifen sein, weshalb wir denen, die ›Schreckensszenarien‹ vorherzusehen meinen, vor allem dann dankbar sein sollten, wenn sie uns dadurch die Chance geben, sie nicht Wirklichkeit werden zu lassen.«[3]

Anders als die optimistischen Evangelisten einer nanogen- und computertechnischen zukünftigen Roboter- und Computer-gestützten Gedächtniswelt, geht man in der Hirnforschung inzwischen einer ganz anderen und grundsätzlichen Frage nach: Welche Mechanismen des menschlichen Gehirns beeinflussen und bestimmen denn überhaupt die Prozesse des Erinnerns und Vergessens? Freilich sind auch hier Übergänge zur nanogen- und computertechnischen Welt der Optimierungsphantasien durchaus erkennbar. Haben es sich doch Neuroinformatiker inzwischen zum Ziel gesetzt, das menschliche Gehirn und damit auch dessen Gedächtnisfunktionen nachzubauen. Denn die grundlegende Frage, ob ein dem Gehirn nachempfundenes künstliches System auch Bewußtsein haben kann, ist hierbei vor allem verbunden mit Forschungsergebnissen über die neuronalen Vorgänge des Erinnerns und Vergessens. Wobei die Simulation der neuronalen Informationsverarbeitung es künftig möglicherweise auch erlauben könnte, das menschliche Nervensystem mit einem künstlichen neuronalen Netz zu verbinden und so eine direkte Schnittstelle zwischen Mensch und Maschine, zwischen menschlichen Gedächtnisvorgängen und künstlicher Intelligenz zu schaffen.

Immerhin zeigen bisherige Ergebnisse der Hirnforschung, daß ausgerechnet das Gedächtnis jene erste kognitive Fähigkeit sein wird, die wir auf molekularer Ebene voraussichtlich vollständig verstehen werden. Und schon weiß man mit einiger Sicherheit, wo alle bewußt vom Hirn aufgenommenen Daten verarbeitet werden. Nämlich in einer Hirnregion mit dem Namen Hippocampus. Auch die weiteren Wege kennt man. Denn vom Hippocampus werden die Daten dann in die Großhirnrinde geleitet und dort gespeichert. Das heißt, sie werden dort gespeichert, wo sie ursprünglich auch wahrgenommen wurden als Sinnesreize – allerdings noch ohne das Bewußtwerden dieser Reize, jenen Vorgang also, der dem Hippocampus vorbehalten bleibt. Woraus sich denn auch die Unterscheidung ergibt zwischen »implizitem Gedächtnis« (d. h. Wahrnehmungen der Sinnesreize, die in der Großhirnrinde verarbeitet werden, aber dem Menschen gar nicht bewußt sind, und dennoch erinnert werden) und dem bewußten, dem »expliziten Gedächtnis«.

Womit denn auch Sigmund Freuds Vermutung eine späte neurologisch überprüfbare Bestätigung gefunden hat, daß nämlich zahlreiche Vorgänge im Gehirn unbewußt stattfinden, der Mensch also vieles weiß, was ihm gar nicht bewußt ist. Neurobiologen bezweifeln allerdings Freuds Behauptung, daß Ereignisse der ersten Lebensjahre im Unterbewußtsein abgespeichert werden und dort nur noch psychoanalytisch wieder ans Licht gehoben werden können. Denn angeblich sei das Gehirn eines Säuglings für solche Speichervorgänge noch gar nicht weit genug entwickelt.

Immerhin zeigen inzwischen neurobiologische Forschungs-ergebnisse der Stanford-Universität zum ersten Mal, wie das Gehirn bei Verdrängungen à la Freud die Weichen stellt: Dem Menschen gelingt selektives Vergessen, indem er die Aktivität jener Instanz dämpft, die für den Prozeß der Bewußt-Wer-dung verantwortlich ist, die des Hippocampus. Diese ge-wünschte Verdrängung von Erinnerungen gelingt ihm durch einen gesteigerten Erregungszustand der beiden Seiten des Vorderhirns, des präfrontalen Kortex. Eine mögliche neuro-logische Erklärung, die vielleicht auch helfen könnte, jenen Begriff der Geschichtsvergessenheit zu erhellen, den Karl Heinz Bohrer untersucht hat als »ein Defizit der gesellschafts-kritischen Intelligenz« und dessen Folgen für ein kollektives fehlendes historisches Langzeitgedächtnis?[4]

Aber auch die Mechanismen des Lang- und Kurzzeitge-dächtnisses sind inzwischen neurobiologisch erforscht und entzaubert worden. Kennt man doch schon jenes Molekül, das die Weiterleitung von Informationen vom Kurz- in das Langzeitgedächtnis blockiert. Es ist offenbar das Molekül, das sich hinter dem bereits erwähnten »ätherischen Lethe-strom« versteckt, das der Weimarer Gedächtnis-Olympier so sehr »zu schätzen, zu nützen und zu steigern gewußt« hat. Es handelt sich bei diesem Molekül allem Anschein nach um eine Erfindung der Evolution, die es dem Menschen ermög-licht, die Flexibilität des Denkens zu erhalten durch Abwehr von zu viel Information. Also Selbsthilfe durch Informations-verweigerung. Ein neuronaler Prozeß, der zumindest hoff-nungsvoll stimmt angesichts postmoderner Daten- und Infor-mations-Überflutungen.

Die dialektische Kehrseite, der Fluch dieses molekularen Segens der Evolution, ist allerdings inzwischen auch erkannt worden: Die Weiterleitung von Informationen in das Langzeitgedächtnis findet nur statt, wenn es gelingt, die Wirkung dieses blockierenden Moleküls zu unterdrücken.

Womit denn das Tor aufgestoßen wäre in eine neue Welt der Hoffnungen und Versuchungen. Es müßte doch möglich sein, den Schalter dieses blockierenden Moleküls künstlich zu beeinflussen. Zumal bekannt ist, daß sich der Funktionsmechanismus gerade dieses Schalters im alternden Hirn verschlechtert. Denn Testergebnisse warten mit der ernüchternden Tatsache auf, daß bereits ab dem 25. Lebensjahr erste Anzeichen von Gedächtnisschwund erkennbar werden. In der Mitte des fünften Lebensjahrzehnts beginne das Gehirn sogar zu schrumpfen mit einem Volumen-Verlust von 1 % pro Jahr. Und mit 70 sollen angeblich immerhin 60 % aller Menschen leichte Gedächtnisstörungen haben. Zumindest bei Mäusen hat ein bereits entdeckter Wirkstoff gegen das Vergessen sich als hilfreich erwiesen, und »in fünf Jahren wird es die Pille für das Gedächtnis geben«[5]. Wobei die Nachfrage nach einem Mittel zur Steigerung der Gedächtnispotenz unermeßlich sein dürfte.

Unabhängig von einem künftigen medikamentösen Erinnerungsmanagement kann der Mensch immerhin auch auf hoffnungsvolle andersartige Mittel der Gedächtnisverstärkung zurückgreifen. So haben zum Beispiel Untersuchungen der Universitätsklinik für Psychiatrie in Ulm gezeigt, daß der emotionale Zustand, in welchem Fakten gelernt werden, durchaus darüber entscheidet, in welchen Bereichen des Gehirns das Gelernte gespeichert wird. Das verblüffende Ergebnis lautet: Wörter zum Beispiel, die der Mensch in einem emotional positiven Kontext lernt, werden im Hippocampus gespeichert, emotional negativ Gelerntes wird im Mandelkern des Gehirns gespeichert. Mit dem Ergebnis: »Der Hippocampus bewirkt das langfristige Speichern von Informationen in der Gehirnrinde. Die Funktion des Mandelkerns ist es hingegen, bei Abruf von assoziativ in ihm gespeichertem Material den Körper und den Geist auf Kampf und Flucht vorzubereiten. Wird der Mandelkern aktiv, steigen Puls und Blutdruck, und die Muskeln spannen sich an: Wir haben Angst und sind auf Kampf oder Flucht vorbereitet, eine in Anbetracht von Gefahr sinnvolle Reaktion. Die Auswirkungen betreffen jedoch nicht nur den Körper, sondern auch den Geist. Kommt der Löwe von links, läuft man nach rechts. Wer in dieser Situation lange fackelt und kreative Problemlösungsstrategien entwirft, lebt nicht lange. Angst produziert daher einen kognitiven Stil, der das rasche Ausführen einfacher gelernter Routinen erleichtert und das lockere Assoziieren erschwert. Dies war vor 100.000 Jahren sinnvoll, führt heute jedoch zu Problemen, wenn mit Angst und Druck gelernt wird. Nicht daß dann nichts hängen bliebe. Das Problem ist vielmehr, daß beim Abruf eben die Angst mit abgerufen wird.«[6]

Auch Schlaf gilt weiterhin als Wegbereiter dauerhafter Gedächtnisspuren. Er festigt nachhaltig nachts neuronal aufgenommene Informationen des Tages, er läßt wichtige Erinnerungen reifen und nivelliert unwichtige Eindrücke. In der University of Chicago hat Kimberly Fenn inzwischen – zusammen mit anderen Forschern – ein besonderes Gedächtniskunststück des Schlafs nachweisen können: »Demnach können Erinnerungen, die im Verlauf des vorherigen Tages immer schwächer geworden sind, wieder belebt werden. Dieser Vorteil beschränkt sich nicht auf die Gedanken selbst. Vielmehr läßt sich die Erinnerung fortan in anderen Situationen nutzbringend anwenden.«[7]

Zur Frage, in welchen Situationen sich die Erinnerung nutzbringend anwenden läßt, darüber hat sich nachdrücklich Leon Kass, der erwähnte Bioethikberater des amerikanischen Präsidenten, zu Wort gemeldet. Sein Plädoyer gilt vor allem dem Thema künftiger »memory enhancer«, den medikamentösen Gedächtnisverstärkern der Zukunft. Christian Schwägerl hat Leon Kass' Argumente erläutert und kommentiert mit dem Hinweis, daß jeder sechste Erdbewohner in der Mitte des 21. Jahrhunderts älter als fünfundsechzig Jahre sein wird. Alzheimer und gedächtnisdämpfende Depressionen würden dann zur globalen Volkskrankheit avancieren, und die Nachfragesteigerung [für Gedächtnisverstärker] werde kühl berechenbar. Kass habe diesem Phänomen Positives abgewonnen, denn erst Erinnerungen formen das authentische Individuum. Selbständig reproduzierbare Erinnerungen seien es, die den Identitätssinn schärfen und wesentlich beitrügen zur Fähigkeit des Glücklichseins. Um so schärfer falle Kass' Urteil aus über die Antagonisten von Gedächtnisverstärkern, die entworfen wurden für eine spezielle Patientengruppe: »Menschen mit ›posttraumatischer Belastungsstörung‹, die den durchlebten Schrecken, einen Unfall oder eine Gewalttat, nicht mehr aus ihrem Gehirn bekommen. Die Erinnerungen sind bei ihnen so stark, daß sie immer wieder neu ›erlebt‹ werden und sich zu einer Art Erinnerungskrampf steigern. Ihnen soll mit Psychotherapien geholfen werden, bei denen Erinnerungen gezielt geweckt werden, um sie mit medikamentöser Hilfe dann zu dämpfen oder zu löschen. Kass meint, daß die Pillen ›unsere Wahrnehmung und unser Verständnis der Welt verfälschen würden und uns schreckliche Vorgänge weniger schrecklich vorkommen ließen‹. Kass postuliert daher eine ›Pflicht zum Erinnern‹, die ›unproportional, man könnte sagen unfair, jenen zufällt, die bestimmte Geschehnisse am direktesten erlebt haben‹. Für die Betroffenen fordert er Anteilnahme und Mitgefühl als besseres Therapeutikum ein.«[8]

Ein rigoros verordnetes Erinnern also, dessen Realisierung allerdings auf erhebliche Schwierigkeiten stoßen dürfte. Wie überhaupt das Erinnern selbst für Hirnforscher immer noch ein schwieriger Forschungsgegenstand zu sein scheint. Wolf Singer hat hierzu eingeräumt, daß wir bislang nur über fragmentarische Vorstellungen darüber verfügen, wie Wissen und Erinnerung im Gehirn repräsentiert sind. Und das vorläufige Fazit klingt nicht gerade beruhigend: »Die Struktur der Engramme [neuronale Erinnerungsspuren] ist nicht sonderlich gut geeignet, um in Sätze rationaler Sprache umgesetzt zu werden. Wahrnehmungen und Erinnerungen haben holistischen Charakter, was in zeitlicher Abfolge erfahren wurde, liegt meist als gebündelter Gesamteindruck vor, dessen verschiedene Komponenten aufs engste assoziativ miteinander verknüpft sind.«[9]

Besonders beunruhigend aber für alle Verfechter von Objektivität und historischer Wahrheit ist eine neurowissenschaftliche Erkenntnis, die sich wie eine späte Bestätigung einer Einsicht Goethes liest, der in *Maximen und Reflexionen* bereits behauptet hatte: »Das Höchste wäre: zu begreifen, daß alles Faktische schon Theorie ist.«[10] Das heißt, neurobiologische Erkenntnisse über die Organisation der menschlichen Wahrnehmungssysteme lassen Zweifel aufkommen, ob diese Systeme von der Evolution denn überhaupt optimiert wurden, um das Faktische, also die Phänomene der Welt, möglichst objektiv zu beurteilen und zu erinnern: »Unsere Sinnesorgane wählen aus dem breiten Spektrum der im Prinzip bewertbaren Signale aus der Umwelt nur einige ganz wenige aus. Und dabei natürlich solche, die für das Überleben in einer komplexen Welt besonders dienlich sind. Aus diesem Wenigen wird anschließend ein kohärentes Bild der Welt konstruiert, memoriert. Und unsere Primärwahrnehmung läßt uns glauben, dies sei alles, was da ist. Wir nehmen nicht wahr und erinnern auch nicht, wofür wir keine Sensoren haben, und ergänzen die Lücken durch Konstruktionen.«[11] Erschwerend kommt hinzu, daß auch in unserem Gedächtnis die Wege der selektiv wahrgenommenen Wirklichkeit verworren und zum Teil gepflastert sind mit Stolpersteinen unbewußter Erkennungsleistungen. Das heißt, sie finden nicht den Weg in die Erinnerung: »Und so kommt es, daß Menschen, wenn sie nach Motiven für bestimmte Handlungen befragt werden und die wirklichen Motive auf solchen unbewußten Prozessen beruhen, flugs und ohne zu zögern frisch erfundene Motive anbieten, ohne sich gewahr zu werden, daß diese Begründung unzutreffend ist.«[12]

Zu diesem verdächtigen Kausalitäts-Syndrom, dem offenbar unwiderstehlichen Bedürfnis, Kausalbeziehungen zu suchen oder notfalls zu erfinden, gesellen sich aus der Sicht des Hirnforschers weitere, für die Objektivität von Erinnerungen höchst problematische Mechanismen der Wahrnehmung. Denn die Auswahl der Ereignisse, auf die wir unsere Aufmerksamkeit und damit auch das Erinnern richten, hängt von Faktoren ab, die wir nicht selber bestimmen: »Zum einen ziehen auffällige Reize oder Ereignisse die Aufmerksamkeit ohne Zutun des Beobachters auf sich ... Es besteht aber auch die Option, die Aufmerksamkeit von sich aus zu lenken, wobei sowohl bewußte, also absichtsvolle, als auch unbewußte, also nicht willkürlich beherrschbare Faktoren zusammenwirken.«[13] Mit dem Ergebnis, daß zum Beispiel erwartete Inhalte durchaus bevorzugt den Weg ins Bewußtsein und Langzeitgedächtnis finden. Ein neuronaler Mechanismus, der umgekehrt auch fatale Folgen für das »Nicht-Erinnern« haben kann: »Meist nehmen wir nur wahr, was wir ohnehin erwarten ... Die eigentliche Kunst der Zauberei besteht darin, genau diesen Mechanismus der Steuerung von Aufmerksamkeit auszunutzen. Welche fatalen Auswirkungen dieser biologische Mechanismus auf die Zuverlässigkeit der Berichte von Augen- und Zeitzeugen hat, bedarf keiner weiteren Kommentierung ... für die Zuverlässigkeit von menschenvermittelten historischen Quellen hat er mitunter katastrophale Folgen.«[14]

Wenig euphorisch stimmen auch die Erkenntnisse der Hirnforschung über die offenbar sehr begrenzte Speicherkapazität des Gedächtnisses. Denn im Kurzzeitspeicher des Frontalhirns halten wir für einen nur sehr kurzen Zeitraum Inhalte fest, die für unmittelbar bevorstehende Aktivitäten von Relevanz sind. Es sind die Gedächtnisfunktionen dieses Kurzzeitspeichers, der kaum »mehr als etwa sieben verschiedene Inhalte gleichzeitig präsent zu halten« vermag[15], durch die wir überhaupt in der Lage sind, zwischen ›vorher‹ und ›jetzt‹ zu unterscheiden.

Auch die neuronalen Mechanismen des Langzeitgedächtnisses geben wenig Anlaß zur Euphorie. Denn die Organisation der Speicherungs- und Ausleseprozesse ist gerade hier besonders komplex und fehleranfällig. Vor allem sind die gespeicherten Memorabilien, die sogenannten Engramme, nicht nur weiträumig deponiert in der Großhirnrinde. Sie

müssen auch durch Willensakte aktiviert, dann ins Bewußtsein geleitet und schließlich auch noch miteinander verbunden werden: »Bemerkenswert . . . ist, daß die Festschreibung,
die Konsolidierung von Spuren im Langzeitgedächtnis offenbar sehr langsam über Monate, ja sogar Jahre hinweg zu er-
folgen scheint.«[16]

Die evolutionäre Deutung des Langzeitgedächtnisses zeigt
zudem, daß es primär ein Gedächtnis für Orte und räumliche
Beziehungen ist – identisch mit dem entsprechenden Gedächtnis bei Tieren, das ihnen ermöglicht, sich in ihrem Habi-
tat zu orientieren. Eine Gedächtnisfunktion also, die offenbar
für das Überleben besonders dienlich ist. Dieses primäre,
gleichsam archaische Gedächtnis für Orte hat sich denn auch
bis heute als ein probates Hilfsmittel der mnemotechnischen
Gedächtniskunst erwiesen: Man memoriert besonders gut,
wenn man die Inhalte topographisch, also räumlich verortet.
Die Hirnforschung geht im übrigen beim Langzeitgedächtnis
auch von der Hypothese aus, »daß Erinnern, ganz ähnlich
wie die Wahrnehmung selbst, ein kreativer, konstruktivisti-
scher Prozeß ist, bei dem das Gehirn versucht, aus den Gedächtnisspuren, die es ins Bewußtsein zu heben vermag, ein
kohärentes Gesamtbild zu rekonstruieren«[17].

Wolf Singer hat in diesem Zusammenhang auch auf jüngste neurobiologische Entdeckungen hingewiesen, die auf be-
unruhigende Weise hinweisen auf eine mangelhafte Trennschärfe zwischen Erinnern und erneutem Wahrnehmen. Da
die Speicherung und Konsolidierung von Gedächtnisinhalten
ein langfristiger Prozeß ist, besteht nämlich die Gefahr, daß
bei Störungen während dieses Konsolidierungsprozesses Memorabilien wieder gelöscht werden können. Das heißt, daß
offenbar der alte »Text« des ersten Lernens und Erinnerns

durch neues Lernen und Erinnern bis zur Unkenntlichkeit umgeschrieben werden kann: »Es ist nicht auszuschließen, daß die alte Erinnerung dabei in neue Zusammenhänge eingebettet und damit aktiv verändert wird«.[18]

Ein solches, durch neue Erfahrungen in neuen Situationen, durch Erzählen und Wiedererzählen bis zur Unkenntlichkeit modifiziertes ursprüngliches Erinnern würde den Schluß zulassen, daß die menschlichen Erinnerungen kaum noch Anspruch auf Glaubwürdigkeit und Authentizität erheben könnten. Für den Glauben an die eigenen authentischen Ersterinnerungen des Menschen würde dies jedenfalls eine wohl nur schwer zu bewältigende narzißtische Kränkung bedeuten. Und wenig tröstlich dürfte hierbei der Hinweis sein, daß man doch auch die eigene Identität als konstant und authentisch betrachtet, obgleich man in Wahrheit einem dauernden Prozeß der Veränderung unterworfen ist.

Offenbar ist aber auch der Prozeß der neurologischen Forschung zur Frage der Authentizität von Erinnerungen noch nicht abgeschlossen: »Noch wissen wir nicht, ob diese Labilisierung des Erinnerten durch das Erinnern für alle Gedächtnisinhalte gilt oder ob beispielsweise sehr alte Erinnerungen davon ausgenommen sind. Diese neuen Erkenntnisse tragen jedoch kaum dazu bei, das Vertrauen in die Authentizität von Erinnerungen zu stärken; sie bestätigen vielmehr den Gemeinplatz der Alltagspsychologie, daß jeder seinen eigenen Geschichten glaubt und daß dieser Glaube sich mit jeder neuen Erzählung verfestigt, selbst wenn sich die Geschichte im Laufe der Zeit immer mehr von der ursprünglichen entfernt.«[19] Diese allmähliche Entfernung der Geschichte von ihren Ursprüngen könnte allerdings auch weitreichende Folgen haben für alle Prozesse der Geschichtsschreibung und den Glauben an die Authentizität von Historie überhaupt. Bei der Erforschung der Mechanismen des Erinnerns sind jedenfalls und allem Anschein nach noch weitere ernüchternde Ergebnisse zu erwarten. Dazu gehört auch, wie Singer vermutet, daß offenbar dem langsamen Prozeß der weitreichenden Modifizierung von Ersterinnerungen möglicherweise ein durchaus profanes ökonomisches Prinzip der Natur zugrunde liegt. Nämlich die Entsorgung von alten Memorabilien im Interesse eines sparsamen Umgangs mit begrenzten Speicherplätzen. Um so tröstlicher erscheint daher die neurowissenschaftliche Vermutung, daß einmal Gespeichertes – zumindest unter nicht-pathologischen Bedingungen – doch nicht völlig verschwinden könne: »Das liegt daran, daß neuronale Speicher als Assoziativspeicher ausgelegt sind, in denen Inhalte als dynamische Zustände weit verteilter, miteinander vernetzter Nervenzellverbände definiert sind und nicht wie in Computern einen adressierbaren Speicherplatz belegen.«[20]

Aber schon öffnen sich neue Abgründe: Ist das menschliche Erinnerungsvermögen überhaupt in der Lage, Inhalte genau zu trennen? Gibt es möglicherweise doch Inhalte, die unwiederbringlich ausgelöscht werden? Fragen, die sich für die Hirnforschung aus der Tatsache ergeben, daß sich die gleichen Nervenzellen zwar an der Repräsentation sehr verschiedener Inhalte beteiligen. Aber die Konstellation, in der sie aktiv werden, ändert sich: Das aber bedeutet, daß sich an der neuronalen »Repräsentation« einer ständig wachsenden Menge von Inhalten einzelne Nervenzellen immer mehr beteiligen müssen. Mit dem Ergebnis, daß die Trennschärfe zwischen den einzelnen Inhalten langsam schwächer wird und sogar die Präzision und Stabilität bereits vorhandener »Repräsentationen« nachläßt. Eine Art neuronaler Überlastung, die zur Folge hat, daß Erinnerungen nur noch fragmentarisch und ungenau abgerufen werden können. Ein unerfreuliches Phänomen, das zum Beispiel beim konsekutiven Erlernen und Memorieren fremder Sprachen zu erheblichen Konfusionen führen kann, da die neue Sprache die alte überlagert und neue und alte Inhalte sich vermischen.

Für Singer ergibt sich hieraus sogar ein grundsätzliches Problem für die Qualität der neuronalen Assoziativspeicher und deren Fähigkeit, Teilinformationen zu ergänzen und neu zu kombinieren. Diese Fähigkeit ermöglicht zwar die Wiedererkennung von Objekten, auch wenn diese nur ausschnittweise wahrzunehmen sind. Solche Ergänzungs- und Bindungstendenzen können jedoch die fatale Folge haben, daß einmal Eingespeichertes durch jeden weiteren Speicherprozeß, vor allem wenn dieser ähnliche Inhalte betrifft, in seiner Struktur und kontextuellen Einbettung verändert wird. Im Extremfall kann dies dazu führen, daß das Engramm überhaupt nicht mehr im ursprünglichen Kontext aktivierbar ist. Es scheint dann wie vergessen, kann aber dennoch – zur Überraschung der Beteiligten – in einem veränderten Kontext über neue Assoziationen wieder aktiviert werden. Die Erinnerung lebt wieder auf, aber jetzt in einem anderen narrativen Kontext.«[21]

Sind Erinnern und Vergessen also nur Algorithmen der Hirnfunktionen? Wechselt der Begriff des Gedächtnisses langsam aber sicher von der individuellen oder kollektiven Ebene hinüber auf die biologische Ebene? Ist die Fragilität des Gedächtnisses letztlich der Evolution geschuldet? So wie diese uns das Erinnern schenkt, bedenkt sie uns offenbar auch mit dem Kuß des Vergessens. Einem Vergessen, das wir selber jedenfalls inzwischen vehement fördern, individuell, kollektiv und digital. Vielleicht ließe sich in diesem Sinne die Postmoderne definieren als eine anamnetische Risikogesellschaft, deren technisch-informatorisches Wissen den Menschen zunehmend als bio- und neurochemisches Aggregat begreift im Übergang zur digital gesteuerten künstlichen Existenz und Intelligenz.

Mnemosyne, die Tochter des Uranos und der Gaia, die dem Zeus der Sage nach in Persien die neun Musen gebar, Mnemosyne, die Repräsentantin der Kunst des Erinnerns, hat sich in der Tat lange schon verabschiedet. Obgleich sie alleine in der Lage wäre, das Erinnern neu zu erfinden für jenen immer noch antiquierten Menschen, der die doppelte Gefahr läuft, entweder nur nach vorne zu schauen, ohne die rückwärtigen Verluste zu bemerken, oder starr zurückzuschauen, ohne die gegenwärtige Not zu erkennen. Vielleicht könnte auch Pythagoras helfen, an den Peter Handke erinnert hat: »Pythagoras, der Denker, verpflichtete seine Schüler, jeden Morgen still im Bett zu bleiben, um sich des gestrigen Tages zu erinnern, und nicht allein an diesen, sondern auch an den Tag vorher, an vorgestern. Nur nach dieser ruhigen und reglosen Wiederholung hatten die Schüler das Recht, sich zu erheben und das Heute anzufangen.«[22] Vielleicht könnte Mnemosyne gar eine veritable Renaissance erleben, wenn sich ereignen sollte, was Botho Strauß ihr kürzlich prophezeit hat mit den Worten: »Eines nicht zu fernen Tages werden die besten Köpfe nicht mehr erkennen wollen, was zuvor noch kein Mensch erkannt hat. Sie werden vielmehr von der Neugier gepackt, erkennen zu wollen, was einst der Mensch erkannte.«[23]

Die Frage, wie ein die Zukunft einschließendes »Heute« auf richtige Weise begonnen werden sollte, hat Odo Marquard mit der lakonischen Formel beantwortet: »Zukunft braucht Herkunft.«[24] Herkunft aber ist nicht denkbar ohne eine Erinnerungskultur, ohne eine Bildung, die sich versteht als Teilhabe am Gedächtnis. Eine solche Teilhabe am Gedächtnis hat inzwischen einen denkbar schweren Stand. Denn die großen zukunftsorientierten Potenzen – Wissenschaft und Technik – agieren traditions- und gedächtnisneutral. Die Zukunft löst sich also von der Herkunft: mit unbestreitbaren Lebensvorteilen für den Menschen von medizinischen und sozialen Errungenschaften bis hin zur Gewaltenteilung, zu den Menschenrechten und zur »institutionellen Garantie der egalitären Chance zur Individualität, dem Andersseindürfen für alle. Kurzum: Es gibt in der modernen Welt – unbestreitbar – Fortschritt.«[25]

Unbestreitbar ist aber auch die Schattenseite dieses Fortschritts, das Unbehagen am Fortschritt und den selbstzerstörerischen Tendenzen der Beschleunigung aller Lebensbereiche. Ihr »Veraltungstempo wächst; immer mehr Neues verändert sie [die Welt] immer schneller: wir leben in einer Welt der Wandlungsbeschleunigung. Aber wir leben nicht behaglich in dieser Welt: es gibt das Unbehagen an der Wandlungsbeschleunigung.«[26]

Wobei für Marquard als Grund dieses Unbehagens zwei Diagnosen nahe liegen. Einerseits werde argumentiert, daß der beschleunigte Fortschritt immer noch nicht schnell genug geschehe. Die andere Diagnose besage, daß das Unbehagen entstehe, weil der beschleunigte Fortschritt zu ungehemmt geschehe und längst schon zu weit gegangen sei.

Als Konsequenz biete sich daher an: erhöhte Akzeleration oder Ausstieg. Für Marquard verbietet sich diese Alternative, denn die wandlungsbeschleunigte Welt zu negieren, bedeute, auf Überlebensmittel der Menschen zu verzichten. Und den langsamen Menschen zu negieren, bedeute, auf den Menschen zu verzichten. Statt Schnelligkeit und Langsamkeit antimodernistisch loszuwerden, »kommt es ganz im Gegenteil gerade darauf an, in der modernen Welt die Spannung zwischen Langsamkeit und Schnelligkeit auszuhalten, indem wir in der modernen Welt – angesichts ihrer Wandlungsbeschleunigung – die Möglichkeit wahren, als Menschen langsam zu leben.«[27]

Die Begründung für die Notwendigkeit dieses doppelten Plädoyers für das Leben nach vorwärts und das Verstehen des Lebens nach rückwärts, für den Fortschritt und zugleich für das Gedächtnis, liefern für Marquard die neuesten Technologien selber. Auch die neuen Medien zum Beispiel benötigen alte Fertigkeiten und Gewohnheiten: »Sie ersparen uns Informationsmühen und bewältigen Steuerungsschwierigkeiten. Je besser sie das machen, desto mehr schimpft man auf sie. Das aber ist völlig normal. Je besser es den Menschen geht, desto schlechter finden sie das, wodurch es ihnen besser geht; denn sobald es uns gut geht, werden wir Prinzessinnen auf der Erbse. Wirkliche Errungenschaften nämlich werden nicht genossen, sondern sind selbstverständlich. Die verbleibenden Nachteile ziehen dann unsere volle Aufmerksamkeit auf sich.«[28]

Es sind Nachteile vor allem, die aus unseren Übererwartungen resultieren und daher nicht gegen die elektronischen Medien, sondern gegen unsere Übererwartungen sprechen. Und auch das moderne Übel der Überinformation ließe sich für Marquard meistern durch Rückgriff der Zukunft auf die Herkunft des Menschen. Als Rückgriff auf die Herkunft biete sich unter anderem die Oralität an, die Mündlichkeit. Sie werde auch bereits praktiziert. Angesichts der exponentiell wachsenden Menge an Büchern, Verwaltungsvorschriften und Verordnungen ersetze man zunehmend Lektüre durch Mündlichkeit. Dies sei »keineswegs ein neuer Analphabetismus, sondern die alte Kunst des langsamen Menschen«[29], die schon mit der Heraufkunft des Buchdrucks geübt worden sei, indem man die Bibellektüre durch das Hören des Wichtigen und Richtigen von der Kanzel ersetzt habe. Auch künftig sei Hoffnung angesagt. Man werde der Informationsüberlastung der Bildschirme den Rücken kehren und in kleinen und großen Gesprächskreisen ermitteln, was wichtig und richtig sei. Die akzelerierenden Informationsmedien seien auf diese Weise »zähmbar« und blieben in Reichweite des langsamen Menschen.

Ein Plädoyer also für die Bewältigung von Zukunft durch Herkunft, das bereits früh im 19. Jahrhundert reflektiert worden ist. Allen Vorurteilen nämlich zum Trotz war es Goethe, der bereits versucht hat, die Schrittmacher der Moderne in Reichweite des langsamen Menschen zu halten: Je schneller die Modernisierungen durch Technik und Naturwissenschaften voranschritten, desto wichtiger wurden sie für ihn. Denn er hat lange schon vor dem eben erwähnten Plädoyer für beides, für Zukunft und Gedächtnis, gegenüber dem Philologen Friedrich Wilhelm Riemer bekannt: »Schon seit fast einem Jahrhundert wirken die Humaniora nicht mehr auf das Gemüt dessen, der sie treibt, und es ist ein rechtes Glück, daß die Naturwissenschaft dazwischengetreten ist, das Interesse an sich gezogen und uns von ihrer Seite den Weg zur Humanität eröffnet hat.«[30] Und gegenüber Eckermann hat Goethe betont: »Ohne meine Bemühungen in den Naturwissenschaften hätte ich die Menschen nie kennengelernt, wie sie sind. In allen Dingen kann man dem reinen Anschauen und Denken, den Irrtümern der Sinne wie des Verstandes, den Charakter-schwächen und -stärken nicht so nachkommen [. . .] Die Natur versteht gar keinen Spaß, sie ist immer wahr, immer ernst, immer strenge; sie hat immer recht und die Fehler und Irrtümer sind immer des Menschen.«[31]

Goethes Bemühungen in den Naturwissenschaften also als ein früher Versuch, eines der aktuellsten Probleme der Moderne zu lösen, nämlich den fächerübergreifenden Dialog zwischen Fortschritt und Gedächtnis, zwischen Geistes- und Naturwissenschaften. Es war mit diesem Versuch die Hoffnung verbunden auf synthetisierende Möglichkeiten einer auf Gedächtnis gestützten Bildung, der Versuch, Information in lebendiges Wissen zu überführen.[32]

Solange sich Bildung in diesem Sinne versteht als gelebtes Leben, als Zukunft im Geiste memorierter Herkunft und nicht als Ornament, als bürgerliche Residualkategorie, ist sie gefeit gegen jenen Vorwurf Nietzsches, der dieses Praktisch-werden der Bildung vermißte, als er formulierte: »Der moderne Mensch schleppt zuletzt eine ungeheure Menge von unverdaulichen Wissenssteinen mit sich herum, die dann bei Gelegenheit auch ordentlich im Leibe rumpeln, wie es im Märchen heißt [. . .] Durch dieses Rumpeln verrät sich die eigenste Eigenschaft dieses modernen Menschen: Der merkwürdige Gegensatz eines Inneren, dem kein Äußeres, eines Äußeren, dem kein Inneres entspricht [. . .] Das Wissen, das im Übermaße ohne Hunger, ja wider das Bedürfnis aufgenommen wird, wirkt jetzt nicht mehr als umgestaltendes, nach außen treibendes Motiv und bleibt in einer gewissen chaotischen Innenwelt verborgen [. . .] Man sagt dann wohl, daß man den Inhalt habe und daß es nur an der Form fehle; aber bei allem Lebendigen ist dies ein ganz ungehöriger Gegensatz. Unsere moderne Bildung ist eben deshalb nichts Lebendiges, weil sie ohne jenen Gegensatz sich gar nicht begreifen läßt, d. h., sie ist gar keine wirkliche Bildung, es bleibt in ihr bei dem Bildungs-Gedanken, bei dem Bildungs-Gefühl, es wird kein Bildungs-Entschluß daraus.«[33] Der »Bildungs-Entschluß«, den Nietzsche meint, wie müßte er heute lauten? Wieviel Gedächtnis und welche Art von Gedächtnis müßte diesen Entschluß begleiten? Eine Frage, auf die es eine überraschend realistische und pragmatische Antwort gibt: »Gedächtnis soll ja prinzipiell in der Gegenwart Orientierung für die Zukunft ermöglichen. Was faktisch geschehen ist, ist demgegenüber nachgeordnet. Der Rückgriff auf Vergangenheit hängt davon ab, wofür er gebraucht wird. . . . Wir interpretieren die Vergangenheit um, errichten sie neu, je nachdem, wofür wir in Erinnerungsgemeinschaften sozialen Rückhalt finden.«[34]

Die Erinnerungsgemeinschaft wird auch künftig voraussichtlich noch ihrem eigenen Gedächtnis vertrauen müssen, da das Gedächtnis nach einer Einsicht Walter Benjamins nicht etwa ein Instrument zur Erkundung der Vergangenheit ist. Es ist vielmehr ihr Schauplatz. Im Idealfall wird diese Erinnerungsgemeinschaft auch noch im Akt des Erinnerns das Heute, die Zukunft und das Vergangene umfassen. Jenes Bewußtsein von Zeit, über das auch Paul Celan in den 1952 mit dem Titel *Mohn und Gedächtnis* erschienenen Gedichten poetisch meditiert hat. Es ist das richtige, da janusköpfige Bewußtsein, das zurück und voraus blickt und sich versteht: als Aufhebung der Zeit durch Vergessen (im Zeichen der Mohnblume) und als Hingabe an die Zeit, der das Gedächtnis Dauer verleiht: »Wir lieben einander wie Mohn und Gedächtnis.«[35]

Anmerkungen

Vorwort oder die Odyssee des Vergessens

1 Homer, *Odyssee*. In der Übertragung von Johann Heinrich Voß, München 1957 (nach dem Text der Erstausgabe, Hamburg 1781), S. 553 f.

2 Friedrich Nietzsche, *Sämtliche Werke*. Kritische Studienausgabe (KSA), hg. v. Giorgio Colli u. Mazzino Montinari, Berlin/New York 1988, Bd. 6, S. 396 f.

3 Walter Benjamin, *Über den Begriff der Geschichte*, hg. v. R. Tiedemann und R. Schweppenhäuser, Frankfurt/Main 1972-1985, Bd. 12, S. 697 f.

4 München 1997.

5 Bd. XV, *Memoria*, hg. v. Anselm Haverkamp und Renate Lachmann unter Mitwirkung von Reinhart Herzog, München 1993.

6 Harald Weinrich, *Lethe. Kunst und Kritik des Vergessens*, München 1997, S. 15.

7 Harald Weinrich, a. a. O., S. 257. Unter Hinweis auf die Fundstelle dieses Zitats: Hans Magnus Enzensberger, *Gedankenflucht (I)*, in: *Kiosk. Neue Gedichte*, Frankfurt/Main 1995, S. 31 ff.

8 Hans Magnus Enzensberger, *Nomaden im Regal*, Frankfurt/Main 2003, S. 122.

9 Frank Schirrmacher, *Die Revolution der Hundertjährigen*, in: *Der Spiegel* Nr. 12 vom 15.3.2004, S. 83.

10 Frank Schirrmacher, a. a. O., S. 84.

11 Frank Schirrmacher, a. a. O., S. 84

12 Vgl. hierzu Paul B. Baltes *Der Generationenkrieg kann ohne mich stattfinden*, in FAZ Nr. 110 vom 12.5.2004, S. 39.

1. Kapitel
1803: Napoleon oder die Flurbereinigung des alten Gedächtnisses

1 Thomas Hettche, *Sammlung und Zerstreuung*, in: FAZ vom 23.12.03, S. 6.

2. Kapitel
Vergangenheitshaß: Dr. Faust als Zeitgenosse der Moderne

1 S. Zitathinweis im 1. Kapitel, S. 17.

2 Johann Peter Eckermann, *Gespräche mit Goethe in den letzten Jahren seines Lebens*, hg. v. H.H. Houben, Wiesbaden 1959, S. 369.

3 Johann Peter Eckermann, ebd., S. 369.

4 17. Februar 1832; Frédéric Soret, *Zehn Jahre bei Goethe. Erinnerungen an Weimars klassische Zeit 1822-1832*, zusammengestellt, übersetzt und erläutert von H. H. Houben, Leipzig 1929, S. 630.

5 Ian Kershaw, *Hitler*. 2 Bände, aus dem Englischen von Klaus Kochmann, Stuttgart/München 1998 und 2000.

6 Johann Wolfgang Goethe, *Werke*, Artemis-Gedenkausgabe. Zürich und Stuttgart 1948 ff. Bd. 10, S. 167: *Dichtung und Wahrheit* I.

7 An Charlotte von Stein, 17. Mai 1778, in: J. W. Goethe, Sämtliche Werke, *Briefe*, Frankfurter Ausgabe (FA), II. Abteilung, Bd. 2, Frankfurt/Main 1998, S. 131.

8 FA, II. Abteilung, Bd. 10, S. 334. Daß sich für Goethe in diesem Wort die Eile (velocitas) mit Luzifer verbindet, geht aus dem Kontext hervor, obgleich der eigentliche Ursprung des Wortes in der italienischen Sprache beheimatet ist. Dort bezeichnete man damit jene Eilwagen und Eilposten (velocifere), die dann in den 20er Jahren des 19. Jahrhunderts durch den Generalpostmeister Nagler in Preußen eingeführt wurden.

9 Hierzu Manfred Osten, *Alles veloziferisch oder Goethes Entdeckung der Langsamkeit*, Frankfurt/Main 2003.

10 *Maximen und Reflexionen*, Artemis-Gedächtnisausgabe. Zürich und Stuttgart 1948 ff., Bd. 9, S. 551.

11 Aus *Sankt Rochus–Fest zu Bingen*, HA, Bd. 10, S. 413.

12 Franz Grillparzer, *Sämtliche Werke*, Bd. 4, Leipzig 1903, S. 186.

13 Weinrich, a. a. O., S. 155.

14 Hierzu Weinrich, a. a. O., S. 21 ff.

15 Karl Heinz Bohrer, *Ekstasen der Zeit*, München 2003, S. 56.

16 Vergil, *Aeneis* VI 713 f. Vgl. auch Weinrich, a. a. O., S. 19.

17 Germaine de Staël, *De l'Allemagne* (1813), Kapitel II, 23; deutsch: *Über Deutschland*, hg. v. Monika Bosse, Frankfurt/Main 1985, S. 38.

18 Theodor W. Adorno, *Zur Schlußszene des Faust*, in: ders., *Noten zur Literatur II*, Frankfurt/Main 1965, S. 7 ff. Vgl. auch Weinrich, a. a. O., S. 160.

19 Karl Heinz Bohrer, a. a. O., S. 30 f.

20 *Maximen und Reflexionen*, S. 167, Artemis-Gedenkausgabe, Zürich und Stuttgart 1948 ff., Bd. 9, S. 515.

21 An Friederike Brun, 9.7.1795, Artemis-Gedenkausgabe, Bd. 22, S. 232.

22 *Sprichwörtlich*.

3. Kapitel
»Die Legionäre des Augenblicks« oder das Autodafé des Gedächtnisses

1 *Vom Nutzen und Nachteil der Historie für das Leben*, KSA 1, S. 310.
2 *Menschliches, Allzumenschliches*, Kapitel 285.
3 *Menschliches, Allzumenschliches*, Kapitel 282.
4 *Morgenröte*. KSA 3, S. 163.
5 Vgl. Kapitel 2, Anm. 7.
6 *David Friedrich Strauß, der Bekenner und der Schriftsteller*. KSA 1, S. 159 f.
7 *Jenseits von Gut und Böse*, S. 217.
8 *Jenseits von Gut und Böse*, S. 68.
9 Weinrich, a. a. O, S. 162.
10 Vgl. hierzu Kapitel 2.
11 Weinrich, a. a. O, S. 160 ff.
12 Ausführlich hierzu Weinrich, a. a. O., S. 166 ff.
13 *Jenseits von Gut und Böse*, S. 156.
14 Wolfgang Frühwald, *Über die Angst vor dem Buch und der Erinnerung –* »... *sie würden auch Goethe verbrennen*«, in: *Leviathan*. Zeitschrift für Sozialwissenschaft, 30. Jahrgang, 2002, Heft 3, S. 303 ff.

4. Kapitel
Es gilt das gebrochene Wort: Gesellschaft ohne Gedächtnis

1 Wolfgang Frühwald, a. a. O., S. 303 ff.
2 Frühwald, a. a. O., S. 308.
3 Hierzu und zum Thema »unbefriedetes und befriedetes Vergessen« bei Freud: Weinrich, a. a. O., S. 168 ff.
4 Weinrich, a. a. O., S. 171.
5 Weinrich, a. a. O., S. 8 f.
6 Vgl. hierzu Kapitel 3, S. 33.
7 Michael Jeismann, in: *FAZ* Nr. 46 vom 24.2.2004, S. 33.
8 Weinrich, a. a. O., S. 172.
9 Thomas Schmid, *Der neue Antisemitismus*, in: *FAZ* Nr. 49/9D vom 27.2.2004, S. 1.
10 Konrad Adam, *Die Republik dankt ab*, Berlin 1998, S. 201 f.
11 Botho Strauß, *Orpheus aus der Tiefgarage*, in: *Der Spiegel*, Nr. 9 vom 21.2.04, S. 164.
12 Ders., a. a. O., S. 165.
13 Durs Grünbein, *Das erste Jahr*, Frankfurt/Main 2000, S. 328.
14 Durs Grünbein, a. a. O., S. 177.

15 Weinrich, a.a.O., S.264.
16 Weinrich, a.a.O., S.263.
17 Weinrich, a.a.O., S.267.
18 Weinrich, a.a.O., S.270.
19 Weinrich, a.a.O., S.270f.
20 Wolfgang Frühwald, *Forschungsethik und Museumsethik oder von guter wissenschaftlicher Praxis*, in: *Jahrbuch Preußischer Kulturbesitz* 2002, S.175ff.
21 Zitiert nach Wolfgang Frühwald, a.a.O., S.182.
22 Wolfgang Frühwald, a.a.O., S.185.
23 Werner Spies, *Ein Blick, der heute möglich ist, wird morgen nicht mehr sein*, in: *FAZ* Nr.284 vom 6.12.2003, S.41.
24 Werner Spies, a.a.O., S.41.
25 Alexander von Humboldt, *Über die Freiheit des Menschen*, hg. v. Manfred Osten, Frankfurt/Main 1999, S.136.
26 *Maximen und Reflexionen*, Artemis Goethe-Gedächtnisausgabe, Zürich und Stuttgart 1948ff. Bd.9, S.614.
27 Alexander von Humboldt, *Kosmos*, Studienausgabe in 7 Bänden, Darmstadt 1993, hg. v. Hanno Beck, Teilband 2, S.181.

5. Kapitel
Evolution und Gedächtnisverzicht

1 Konrad Adam, *Die Republik dankt ab*, Berlin 1998, S.146.
2 Weinrich, a.a.O., S.167.
3 Konrad Adam, a.a.O., S.148.
4 Konrad Adam, a.a.O., S.149/150.
5 Zitiert nach Konrad Adam, a.a.O., S.155.
6 Friedrich Nietzsche, KSA 7, S.86.
7 Frank Schirrmacher, *Die große Angst – Im Maschinenraum der Kultur. Zu unserer Liste neuer Phobien*, in: *FAZ* vom 7.1.2003, S.31.
8 Ernst-Wolfgang Böckenförde, *Die Würde des Menschen war unantastbar*, in: *Glanzlichter der Wissenschaft*, Saarbrücken 2003, S.29f.
9 Ernst-Wolfgang Böckenförde, a.a.O., S.30.
10 Bill Joy, *Warum die Zukunft uns nicht braucht*, in: *FAZ* Nr.135 vom 6.6.2000, S.49 und 51.
11 Wolfgang Frühwald, *‚Leib' sein und ›Körper haben‹ oder Körperdiskurse in Geschichte und Gegenwart*. Abschiedsvorlesung an der Ludwig Maximilians-Universität München am 8.7.2003, in: *Literatur in Bayern* Nr.73, September 2003, S.7.
12 Wolfgang Frühwald, a.a.O., S.8.

13 Alexander Kluge, *Die Kunst, Unterschiede zu machen*, Frankfurt/Main 2003, S. 10.

14 Odo Marquard, *Philosophie des Stattdessen*, Stuttgart 2000.

15 Odo Marquard, a. a. O., S. 50 f.

16 Odo Marquard, a. a. O., S. 52 f.

17 Odo Marquard, a. a. O., S. 54.

18 Martina Keller, *Das ganze Leben ist eine Erfindung*, in: *Die Zeit* Nr. 13 vom 18.3.2004, S. 42 (unter Bezugnahme auf entsprechende Studien von Harald Welzer).

19 Karl Heinz Bohrer, *Ekstasen der Zeit*, München 2003, S. 10 f.

20 Karl Heinz Bohrer, a. a. O., S. 14.

21 Karl Heinz Bohrer, a. a. O., S. 51.

22 Peter Kümmel, *Ein Volk in der Zeitmaschine*, in: *Die Zeit* Nr. 10 vom 26.2.2004, S. 41.

23 Wolfgang Hagen, *Gegenwartsvergessenheit*, Berlin 2003, S. 119.

24 Wolfgang Hagen, a. a. O., S. 118 f.

6. Kapitel
»Gespeichert, das heißt vergessen«

1 Wolfgang Hagen, a. a. O., S. 120.

2 Wolfgang Hagen, a. a. O., S. 120 f.

3 Weinrich, a. a. O., S. 169.

4 Joachim-Felix Leonhard, *Kulturelles Erbe und Gedächtnisbildung – Betrachtungen zur Vergangenheit in der Gegenwart und Zukunft*, in: Sonderdruck *Fünfzig Jahre deutsche Mitarbeit in der* UNESCO, 2000, S. 131.

5 Hans Magnus Enzensberger, *Nomaden im Regal*, Frankfurt/Main 2003, S. 122.

6 Hans Magnus Enzensberger, a. a. O., S. 109 f.

7 Hans Magnus Enzensberger, a. a. O., S. 110 f.

8 Hans Magnus Enzensberger, a. a. O., S. 128 f.

9 Barbara Schneider-Kempf und Martin Hollender, *Brauchen wir im digitalen Zeitalter noch Lesesäle?*, in: *Jahrbuch Preußischer Kulturbesitz*, Bd. XXXIX, 2003, S. 104 f.

10 Barbara Schneider-Kempf und Martin Hollender, a. a. O., S. 106.

11 Weinrich, a. a. O., S. 261/262.

12 Barbara Schneider-Kempf und Martin Hollender, a. a. O., S. 106.

13 Vgl. Weinrich, a. a. O., S. 260.

14 Peter Cornwell: *Digitale Systeme und Nachhaltigkeit*, in: *The chronofiles from time-based art to database*, München 2003, S. 18 f.

15 Peter Cornwell, a.a.O., S. 23.
16 Peter Cornwell, a.a.O., S. 22.
17 Peter Cornwell, a.a.O., S. 30 f.
18 Karl Marx und Friedrich Engels, *Manifest der kommunistischen Partei* (1848), in: diess.: *Werke*, Bd. 4, 6. Auflage, Berlin 1972, S. 459.
19 Walter Benjamin, *Das Kunstwerk im Zeitalter seiner technischen Reproduzierbarkeit*, Frankfurt/Main 1973, S. 15.
20 Thomas Hettche, *Sammlung und Zerstreuung*, in: *FAZ* vom 23.12.2003, S. 6.
21 Vgl. hierzu: Margit Rosen, *Ohne zu Vergessen – Digitale Artefakte als Akteure*, in: *The chrono-files from time based art to database*, München 2003, S. 6 ff.
22 Hierzu und zum Thema Datenschutz vgl. Hilmar Schmundt, *Verräterische Magnetspuren*, in: *Der Spiegel* Nr. 52/2003, S. 144 f.

7. Kapitel
Die Pille danach – Zur Neurotechnik des Vergessens

1 Goethe an Zelter 15.2.1830, in: Artemis-Gedenkausgabe, Zürich und Stuttgart, s.o., Bd. 21, S. 892.
2 Hubert Markl, *Ist der Mensch biotechnisch optimierbar?*, in: *Sinnstifter 2003* (Publikation des Stifterverbandes für die Deutsche Wissenschaft), Essen 2003, S. 15.
3 Hubert Markl, a.a.O., S. 17.
4 Karl Heinz Bohrer, a.a.O., S. 10 f.
5 *Wissen, wie der Geist funktioniert*, Eric Kandel im Gespräch mit »Der Spiegel«, in: *Der Spiegel* Nr. 18/2003, S. 150 ff.
6 Manfred Spitzer, *Medizin für die Pädagogik*, in: *Die Zeit* vom 18.9.2003, S.
7 Reinhard Wandtner, *Gerettete Gedanken*, in: *FAZ* Nr. 236 vom 11.10.2003, S. 36.
8 Christian Schwägerl, *Die Pille danach*, in: *FAZ* Nr. 296 vom 20.12.2003, S. 35. Zum Thema »Pille fürs Vergessen« vgl. auch: *Der Spiegel* Nr. 19/2004, S. 208 ff. und Christian Geyer, *Ex und hopp*, in: *FAZ* Nr. 103 vom 4.5.2004, S. 34.
9 Wolf Singer, *Wahrnehmen, Erinnern, Vergessen*. Eröffnungsvortrag des 43. Deutschen Historikertages, gehalten und erstmals veröffentlicht in: *FAZ* Nr. 226 vom 28.9.2000, S. 10.
10 *Maximen und Reflexionen*, in: Artemis-Gedenkausgabe, Zürich und Stuttgart 1948 ff., Bd. 9, S. 574.
11 Wolf Singer, a.a.O.

12 Wolf Singer, a. a. O.
13 Wolf Singer, a. a. O.
14 Wolf Singer, a. a. O.
15 Wolf Singer, a. a. O.
16 Wolf Singer, a. a. O.
17 Wolf Singer, a. a. O.
18 Wolf Singer, a. a. O.
19 Wolf Singer, a. a. O.
20 Wolf Singer, a. a. O.
21 Wolf Singer, a. a. O.
22 Peter Handke, *Mündliches und Schriftliches*, Frankfurt/Main 2002, S. 34.
23 Botho Strauß, *Der Untenstehende auf Zehenspitzen*, München 2004, S. 8.
24 Odo Marquard, a. a. O., Stuttgart 2000, S. 66 ff.
25 Odo Marquard, a. a. O., S. 68.
26 Odo Marquard, a. a. O., S. 68 f.
27 Odo Marquard, a. a. O., S. 71.
28 Odo Marquard, a. a. O., S. 75.
29 Odo Marquard, a. a. O., S. 77.
30 Zitiert nach: Günther Böhme, *Humanismus zwischen Aufklärung und Postmoderne*, Idstein 1994, S. 195.
31 Günther Böhme, a. a. O., S. 198.
32 Vgl. hierzu: Wilhelm Voßkamp, *Bildung im Widerstreit*, in: *Studien des Instituts für die Kultur der deutschsprachigen Länder* Nr. 18, Tokyo 2000, S. 5 ff.
33 Friedrich Nietzsche, *Zweite unzeitgemäße Betrachtung*. Zitiert nach Volker Steenblock: *Theorie der kulturellen Bildung*, München 1999, S. 186.
34 Harald Welzer, in: *Im Gedächtniswohnzimmer* (*Zeit*-Gespräch Elisabeth von Thadden mit Harald Welzer über das private Erinnern), Sonderbeilage der *Zeit*, Nr. 14, März 2004, S. 44 f.
35 Paul Celan, *Gesammelte Werke in drei Bänden*. Gedichte, Prosa, Reden, Frankfurt/Main 2001, S. 39.

Literaturhinweise

Die nachfolgenden Literaturhinweise sollen als Lektüre-Anregung dienen für ein vertieftes Studium der in diesem Buch erörterten Thematik. Um den essayistischen Charakter des Textes zu wahren, wurden in den Anmerkungen (S. 113-119) Fundstellen nur bei wichtigen längeren Zitaten nachgewiesen. Für Anregungen, Mitarbeit und Hilfe danke ich vielen, besonders aber Durs Grünbein, Dr. Heidi Bohnet und Dorothea Koch. Die Korrekturen wurden von meiner Frau mitgelesen.

Weiterführende Literatur

Adam, Konrad, *Vergeßliche Wissenschaft*, in: FAZ vom 11.9.1991.

Adam, Konrad, *Die Republik dankt ab*, Berlin 1998, S. 201 f.

Adorno, Theodor W., *Zur Schlußszene des Faust*, in: ders.: *Noten zur Literatur II*, Frankfurt/Main 1965, S. 7 ff.

Assmann, Aleida, *Arbeit am nationalen Gedächtnis. Eine kurze Geschichte der deutschen Bildungsidee*, Frankfurt/Main u. a.: *Campus 1993* (Edition Pandora, Bd. 14).

Assmann, Aleida, *Erinnerungsräume. Formen und Wandlungen des kulturellen Gedächtnisses*, München 1999.

Assmann, Jan / Hölscher, Tonio (Hg.), *Kultur und Gedächtnis*, Frankfurt/ Main 1988.

Baier, Lothar, *Keine Zeit! 18 Versuche über die Beschleunigung*, München 2000.

Assmann, Jan, *Das Kulturelle Gedächtnis. Schrift, Erinnerung und politische Identität in frühen Hochkulturen*, München 2002.

Baumgart, Reinhard, *Selbstvergessenheit. Drei Wege zum Werk: Thomas Mann, Franz Kafka, Bertolt Brecht*, München 1989.

Benjamin, Walter, *Das Kunstwerk im Zeitalter seiner technischen Reproduzierbarkeit*, Frankfurt/Main 1973.

Benjamin, Walter, *Über den Begriff der Geschichte*, hg. v. R. Tiedemann und R. Schweppenhäuser, 6 Bde, Frankfurt/Main 1972 – 1985.

Blumenberg, Hans, *Lebenszeit und Weltzeit*, Frankfurt/Main 1986.

Böckenförde, Ernst-Wolfgang, *Die Würde des Menschen war unantastbar*, in: *Glanzlichter der Wissenschaft*, Saarbrücken 2003, S. 29 f.

Böhme, Günther, *Humanismus zwischen Aufklärung und Postmoderne*, Idstein 1994.

Bohrer, Karl Heinz, *Ekstasen der Zeit*, München 2003.

Borchmeyer, Dieter, *Goethe der Zeitbürger*, München 1999.

Celan, Paul, *Gesammelte Werke in drei Bänden*. Gedichte, Prosa, Reden. Frankfurt/Main 2001.

Cornwell, Peter, *Digitale Systeme und Nachhaltigkeit*, in: *The chrono-files from time-based art to database*, München 2003.

Diner, Dan, *Kreisläufe. Nationalsozialismus und Gedächtnis*, Berlin 1995.

Ebbinghaus, Hermann, *Über das Gedächtnis. Untersuchungen zur experimentellen Psychologie*, Leipzig 1885, Neudruck Darmstadt, Wissenschaftliche Buchgesellschaft 1971.

Echterhoff, Gerald / Saar, Martin (Hg.), *Kontexte und Kulturen des Erinnerns. Maurice Halbwachs und das Paradigma des kollektiven Gedächtnisses*, Konstanz 2002.

Enzensberger, Hans Magnus, *Nomaden im Regal*, Frankfurt/Main 2003.

Frühwald, Wolfgang, *Über die Angst vor dem Buch und der Erinnerung –* ». . . *sie würden auch Goethe verbrennen.*«, in: *Leviathan*, Zeitschrift für Sozialwissenschaft, 30. Jahrgang, 2002, Heft 3.

Freyermuth, Gundolf S., *Digitales Tempo. Computer und Internet revolutionieren das Zeitempfinden*, in: C't, Magazin für Computertechnik, Jg. 2000, Heft 14.

Frühwald, Wolfgang, *Forschungsethik und Museumsethik oder von guter wissenschaftlicher Praxis*, in: *Jahrbuch Preußischer Kulturbesitz* 2002.

Frühwald, Wolfgang, ›*Leib*‹ *sein und* ›*Körperhaben*‹ *oder Körperdiskurse in Geschichte und Gegenwart*, Abschiedsvorlesung an der Ludwig-Maximilian-Universität München am 8.7.2003, in: *Literatur in Bayern* Nr: 73, September 2003.

Goethe, Johann Wolfgang von, *Artemis-Gedenkausgabe*. Zürich und Stuttgart 1948 ff.

Goldmann, Stefan, *Statt Totenklage Gedächtnis. Zur Erfindung der Mnemotechnik durch Simonides von Keos*, Poetica 21, 1989.

Grätzel, Stefan, *Organische Zeit. Zur Einheit von Erinnern und Vergessen*, München 1993.

Grünbein, Durs, *Galilei vermißt Dantes Hölle*, Aufsätze, Frankfurt/Main 1996.

Grünbein, Durs, *Das erste Jahr*, Frankfurt/Main 2000.

Grünbein, Durs, *Warum schriftlos leben*, Aufsätze, Frankfurt/Main 2003.

Hagen, Wolfgang, *Gegenwartsvergessenheit*, Berlin 2003.

Halbwachs, Maurice, *Das Gedächtnis und seine sozialen Bedingungen*, Frankfurt/Main 1985.

Handke, Peter, *Mündliches und Schriftliches*, Frankfurt/Main 2002.

Harth, Dietrich / Kronauer, Ulrich (Hg.), *Die Erfindung des Gedächtnisses*. Frankfurt/Main 1991.

Hettche, Thomas, *Sammlung und Zerstreuung*, in: *FAZ* vom 23.12.2003.

Hinderer, Walter/Bormann, Alexander von/Graevenitz, Gerhart von (Hg.), *Goethe und das Zeitalter der Romantik*, Würzburg 2002.

Jauß, Hans Robert, *Wege des Verstehens*. München 1994.

Jeismann, Michael in: *FAZ* Nr. 46 vom 24.2.2004.

Joy, Bil,: *Warum die Zukunft uns nicht braucht*, in: *FAZ* Nr. 135 vom 6.6.2000.

Kandel, Eric, *Wissen, wie der Geist funktioniert*, in: *Der Spiegel* Nr. 18/ 2003.

Keller, Martina, *Das ganze Leben ist eine Erfindung*, in: *Die Zeit* Nr. 13 vom 18.3.2004.

Kershaw, Ian, *Hitler*. 2 Bände. Aus dem Englischen von Klaus Kochmann, Stuttgart/München 1998 und 2000.

Kluge, Alexander, *Die Kunst, Unterschiede zu machen*, Frankfurt/Main 2003.

Koselleck, Reinhart, *Vergangene Zukunft. Zur Semantik geschichtlicher Zeiten*, Frankfurt/Main 1995.

Kümmel, Peter, *Ein Volk in der Zeitmaschine*, in: *Die Zeit* Nr. 10 vom 26.2.2004.

Lenz, Siegfried, *Über das Gedächtnis. Reden und Aufsätze*, Hamburg 1992.

Leonhard, Joachim-Felix, *Kulturelles Erbe und Gedächtnisbildung – Betrachtungen zur Vergangenheit in der Gegenwart und Zukunft*, in: Sonderdruck *Fünfzig Jahre deutsche Mitarbeit in der UNESCO*, 2000.

Lübbe, Hermann, *Im Zug der Zeit. Verkürzter Aufenthalt in der Gegenwart*, Berlin 1994.

Markl, Hubert, *Ist der Mensch biotechnisch optimierbar?*, in: *Sinnstifter 2003* (Publikation des Stifterverbandes für die Deutsche Wissenschaft), Essen 2003.

Markowitsch, Hans Joachim, *Dem Gedächtnis auf der Spur: Vom Erinnern und Vergessen*, Darmstadt 2002.

Marquard, Odo, *Philosophie des Stattdessen*, Stuttgart 2000.

Meier, Christian, *Erinnern – Verdrängen – Vergessen. Zum öffentlichen Umgang mit schlimmer Vergangenheit in Geschichte und Gegenwart*. Berlin-Brandenburgische Akademie der Wissenschaften, Berichte und Abhandlungen, Bd. III, Berlin 1996.

Mosès, Stéphane, *Der Engel der Geschichte: Franz Rosenzweig, Walter Benjamin, Gershom Scholem*, Frankfurt/Main 1994.

Muschg, Adolf, *Der Schein trügt nicht – Über Goethe*, Frankfurt/Main 2004.

Osten, Manfred (Hg.), *Alexander von Humboldt – Über die Freiheit des Menschen*, Frankfurt/Main 1999.

Osten, Manfred, *Alles veloziferisch oder Goethes Entdeckung der Langsamkeit*, Frankfurt/Main 2003.

Raulff, Ulrich, *Ortstermine. Literatur über kollektives Gedächtnis und Geschichte*, Merkur 43 (1989).

Rosen, Margit, *Ohne zu Vergessen – Digitale Artefakte als Akteure*, in: *The chrono-files from time-based art to database*, München 2003.

Sandbothe, Mike, *Die Verzeitlichung der Zeit. Grundtendenzen der modernen Zeitdebatte in Philosophie und Wissenschaft*, Darmstadt 1998.

Schirrmacher, Frank, *Die große Angst – Im Maschinenraum der Kultur. Zu unserer Liste neuer Phobien*, in: *FAZ* vom 7.1.2003.

Schirrmacher, Frank, *Die Revolution der Hundertjährigen*, in: *Der Spiegel* Nr. 12 vom 15.3.2004.

Schmid, Thomas, *Der neue Antisemitismus*, in: *FAZ* Nr. 49/9D vom 27.2.2004.

Schmidt, Siegfried J. (Hg.), *Gedächtnis. Probleme und Perspektiven der interdisziplinären Gedächtnisforschung*, Frankfurt/Main 1991.

Schmundt, Hilmar, *Verräterische Magnetspuren*, in: *Der Spiegel* Nr. 52/2003.

Schneider-Kempf, Barbara / Hollender, Martin, *Brauchen wir im digitalen Zeitalter noch Lesesäle?*, in: *Jahrbuch Preußischer Kulturbesitz*, Bd. XXXIX, 2003.

Schwägerl, Christian, *Die Pille danach*, in: *FAZ* Nr. 296 vom 20.12.2003.

Singer, Wolf, *Wahrnehmen, Erinnern, Vergessen*. Eröffnungsvortrag des 43. Deutschen Historikertages, in: *FAZ* Nr. 226 vom 28.9.2000.

Spies, Werner, *Ein Blick, der heute möglich ist, wird morgen nicht mehr sein*, in: *FAZ* Nr. 284 vom 6.12.2003.

Spitzer, Manfred, *Medizin für die Pädagogik*, in: *Die Zeit* vom 18.9.2003.

Strauß, Botho, *Der Untenstehende auf Zehenspitzen*, München 2004.

Tadié, Jean-Yves und Marc, *Im Gedächtnispalast. Eine Kulturgeschichte des Denkens*, Stuttgart 2003.

Thadden, Elisabeth von, *Im Gedächtniswohnzimmer*, ZEIT-Gespräch mit Harald Welzer. Sonderbeilage der ZEIT, Nr. 14, März 2004.

Virilio, Paul, *Rasender Stillstand*, München / Wien 1992.

Voßkamp, Wilhelm, *Bildung im Widerstreit*, in: *Studien des Instituts für die Kultur der deutschsprachigen Länder* Nr. 18, Tokyo 2000.

Wandtner, Reinhard, *Gerettete Gedanken*, in: *FAZ* Nr. 236 vom 11.10.2003.

Weinrich, Harald, *Gedächtniskultur – Kulturgedächtnis*, Merkur 45 (1991).

Weinrich, Harald, *Lethe, Kunst und Kritik des Vergessens*, München 1997.

Weinrich, Harald, *Poetik und Hermeneutik*, Bd. XV: *Memoria*, hg. v. Anselm Haverkamp und Renate Lachmann unter Mitwirkung von Reinhart Herzog, München 1993.

Welzer, Harald, *Das kommunikative Gedächtnis. Eine Theorie der Erinnerung*, München 2002.

Welzer, Harald / Moller, Sabine / Tschuggnall, Karoline, *Opa war kein Nazi.*

Nationalsozialismus und Holocaust im Familiengedächtnis, Frankfurt/
Main 2002.
Zentner, Marcel, *Die Flucht ins Vergessen. Die Anfänge der Psychoanalyse
Freuds bei Schopenhauer*, Darmstadt 1995.

Personenregister